AF365059

HSK

VOCABULARY DICTIONARY

Level
1-6

No se permite la reproducción total o parcial de este libro, ni su incorporación a un sistema informático, ni su transmisión en cualquier forma o por cualquier medio, sea éste electrónico, mecánico, por fotocopia, por grabación u otros métodos, sin el permiso previo y por escrito de la traductora. La infracción de los derechos mencionados puede ser constitutiva de delito contra la propiedad intelectual (Art. 270 y siguientes del Código Penal).

Diríjase a CEDRO (Centro Español de Derechos Reprográficos) si necesita fotocopiar o escanear algún fragmento de esta obra. Puede contactar con CEDRO a través de la web www.conlicencia.com o por teléfono en el 91 702 19 70/93 272 04 47

HSK Vocabulary Dictionary Level 1-6

© Editorial Comte Barcelona
OPOSBOX SL
C/Rodrigo Caro 73, 08914 Barcelona(España)
https://comtebarcelona.com
First Edition: December, 2023
ISBN: 978-84-127319-6-5 (Paperback)

Index (目录)

Introduction

The HSK (Hanyu Shuiping Kaoshi) is an international standardized exam that focuses on assessing the ability of non-native Chinese speakers to use Chinese for communication in daily life, study, and work.

The exam has different levels: HSK (Level 1), HSK (Level 2), HSK (Level 3), HSK (Level 4), HSK (Level 5), and HSK (Level 6). The corresponding relationship between HSK levels and the "International Chinese Proficiency Standards" and the "Common European Framework of Reference for Languages (CEFR)" is as follows:

HSK Level	Vocabulary	International Chinese Proficiency Standards	CEFR
HSK (Level 6)	5000 and above	Level 5	C2
HSK (Level 5)	2500	Level 4	C1
HSK (Level 4)	1200	Level 4	B2
HSK (Level 3)	600	Level 3	B1
HSK (Level 2)	300	Level 2	A2
HSK (Level 1)	150	Level 1	A1

- HSK (Level 1) assesses candidates who can understand and use very simple Chinese words and sentences and have the ability to further study Chinese.
- HSK (Level 2) candidates can engage in simple and direct communication on common topics in daily life using Chinese.
- HSK (Level 3) candidates can complete basic communication tasks in life, study, work, etc., using Chinese.

- HSK (Level 4) candidates can communicate on relatively complex topics in a more standardized and appropriate manner using Chinese.
- HSK (Level 5) candidates can discuss, evaluate, and express opinions on more abstract or professional topics in Chinese and can handle various communication tasks relatively easily.
- HSK (Level 6) candidates can adeptly engage in various social communication activities in Chinese, with a proficiency level approaching that of a native Chinese speaker.

This book contains 148 Level 1 vocabulary words, 146 Level 2 vocabulary words, 298 Level 3 vocabulary words, 585 Level 4 vocabulary words, 1310 Level 5 vocabulary words, and 2513 Level 6 vocabulary words. A total of 5000 Chinese vocabulary words.

序号	词语	拼音	翻译
1	爱	ài	to love
2	八	bā	eight
3	爸爸	bà ba	father
4	杯子	bēi zi	cup; glass; mug
5	北京	běi jīng	Beijing
6	本	běn	root; [measure word for books]
7	不客气	bú kè qi	you're welcome; impolite
8	不	bù	not; no
9	菜	cài	vegetable
10	茶	chá	tea
11	吃	chī	to eat
12	出租车	chū zū chē	taxi
13	打电话	dǎ diàn huà	to make a telephone call
14	大	dà	big
15	的	de	of
16	点	diǎn	o' clock; spot; dot
17	电脑	diàn nǎo	computer
18	电视	diàn shì	TV
19	电影	diàn yǐng	film; movie
20	东西	dōng xi	"
21	都	dōu	both; all
22	读	dú	read aloud
23	对不起	duì bu qǐ	sorry
24	多	duō	much/many; how [+adjective]
25	多少	duō shǎo	how much/many?
26	儿子	ér zi	son
27	二	èr	two
28	饭馆	fàn guǎn	restaurant
29	飞机	fēi jī	plane
30	分钟	fēn zhōng	minute
31	高兴	gāo xìng	pleased; happy
32	个	gè	individual; [general measure word]
33	工作	gōng zuò	job; work
34	狗	gǒu	dog
35	汉语	hàn yǔ	Standard Chinese language
36	好	hǎo	good

序号	词语	拼音	翻译
37	喝	hē	to drink
38	和	hé	and
39	很	hěn	very
40	回	huí	to return
41	会	huì	to know how to; can; meeting
42	火车站	huǒ chē zhàn	railway station
43	家	jiā	family; home
44	叫	jiào	to call; to be named
45	今天	jīn tiān	today
46	九	jiǔ	nine
47	开	kāi	to switch on; open
48	看见	kàn jiàn	see
49	块	kuài	lump; piece
50	来	lái	to come
51	老师	lǎo shī	teacher
52	了	le	[makes an exclamation]
53	冷	lěng	cold
54	里	lǐ	in
55	零	líng	zero
56	六	liù	six
57	妈妈	mā ma	mother
58	吗	ma	[makes a yes; no question]
59	买	mǎi	buy
60	猫	māo	cat
61	没	méi	not (have)
62	没关系	méi guān xi	no problem
63	米饭	mǐ fàn	rice [cooked; boiled]
64	明天	míng tiān	tomorrow
65	名字	míng zi	given name
66	哪	nǎ	which?
67	哪儿	nǎ er	where?
68	那	nà	that
69	那儿	nà er	there
70	呢	ne	[returns; forwards a question]
71	能	néng	to be able to; can
72	你	nǐ	you
73	年	nián	year
74	女儿	nǚ ér	daughter

序号	词语	拼音	翻译
75	朋友	péng you	friend
76	漂亮	piào liang	beautiful
77	苹果	píng guǒ	apple
78	七	qī	seven
79	钱	qián	money
80	前面	qián miàn	front
81	请	qǐng	to invite; please
82	去	qù	to go
83	热	rè	hot
84	人	rén	person; people
85	认识	rèn shi	to know [be familiar with]
86	日	rì	day [date]; sun
87	三	sān	three
88	商店	shāng diàn	shop
89	上午	shàng wǔ	morning
90	少	shǎo	few
91	谁	shéi	who?
92	什么	shén me	what?
93	十	shí	ten
94	时候	shí hou	[duration of] time
95	是	shì	to be
96	书	shū	book
97	水	shuǐ	water
98	睡觉	shuì jiào	to go to bed; to sleep
99	说话	shuō huà	speak
100	四	sì	four
101	岁	suì	year (of crop harvests)
102	他	tā	he; him
103	她	tā	she; her
104	太	tài	very
105	天气	tiān qì	weather
106	听	tīng	to listen; hear
107	同学	tóng xué	schoolmate; classmate
108	喂	wèi	hello
109	我	wǒ	I; me
110	我们	wǒ men	we; us
111	五	wǔ	five
112	喜欢	xǐ huan	to like

序号	词语	拼音	翻译
113	下	xià	down; below
114	下午	xià wǔ	afternoon
115	下雨	xià yǔ	rain
116	先生	xiān sheng	Mr; Sir
117	现在	xiàn zài	now
118	想	xiǎng	to want; to think
119	小	xiǎo	small
120	小姐	xiǎo jiě	Miss; young lady
121	些	xiē	some
122	写	xiě	to write
123	谢谢	xiè xie	thank you
124	星期	xīng qī	week
125	学生	xué sheng	student
126	学习	xué xí	to learn; to study
127	学校	xué xiào	school
128	一	yī	one; once; first; structural word between two of the same verb; as soon as; throughout
129	衣服	yī fu	clothes
130	医生	yī shēng	doctor
131	医院	yī yuàn	hospital
132	椅子	yǐ zi	chair
133	有	yǒu	to have
134	月	yuè	month; moon
135	在	zài	in; at; on
136	再见	zài jiàn	goodbye
137	怎么	zěn me	how?
138	怎么样	zěn me yàng	how about it
139	这	zhè	this
140	这儿	zhè er	here
141	中国	zhōng guó	China
142	中午	zhōng wǔ	midday
143	住	zhù	to live; stay (a number of nights)
144	桌子	zhuō zi	table
145	字	zì	(Chinese) character
146	昨天	zuó tiān	yesterday
147	坐	zuò	to sit
148	做	zuò	to do; to be; become (an occupation)

序号	词语	拼音	翻译
1	吧	ba	[makes a suggestion, eg. "Let's …")]
2	白	bái	white
3	百	bǎi	hundred
4	帮助	bāng zhù	to help
5	报纸	bào zhǐ	newspaper
6	比	bǐ	to compare
7	别	bié	separate
8	长	cháng	long
9	唱歌	chàng gē	to sing; singing
10	出	chū	to go out
11	穿	chuān	to wear; to put on
12	船	chuán	boat; ship; ferry
13	次	cì	time
14	错	cuò	wrong
15	打篮球	dǎ lán qiú	play basketball
16	大家	dà jiā	everybody
17	但是	dàn shì	but
18	到	dào	to arrive; to get to
19	得	dé	gain; obtain
20	等	děng	to wait for
21	弟弟	dì di	younger brother
22	第一	dì yī	firstly
23	懂	dǒng	to understand
24	对	duì	correct; right
25	房间	fáng jiān	room
26	非常	fēi cháng	extremely
27	服务员	fú wù yuán	waiter/waitress; attendant
28	高	gāo	high; tall
29	告诉	gào su	to tell
30	哥哥	gē ge	elder brother
31	给	gěi	to give
32	公共汽车	gōng gòng qì chē	bus
33	公斤	gōng jīn	kilogram
34	公司	gōng sī	company; office
35	贵	guì	expensive
36	过	guò	to cross (road; bridge; river etc.)

序号	词语	拼音	翻译
37	还	hái	still
38	孩子	hái zi	child; children
39	好吃	hǎo chī	delicious
40	号	hào	number; day of a month
41	黑	hēi	black
42	红	hóng	red
43	欢迎	huān yíng	to welcome
44	回答	huí dá	reply
45	机场	jī chǎng	airport
46	鸡蛋	jī dàn	(chicken) egg
47	件	jiàn	item; [measure word for items of clothing]
48	教室	jiào shì	classroom
49	姐姐	jiě jie	elder sister
50	介绍	jiè shào	introduce
51	进	jìn	to enter
52	就	jiù	simply
53	觉得	jué de	to think; feel
54	咖啡	kā fēi	coffee
55	开始	kāi shǐ	to begin
56	考试	kǎo shì	examination
57	可能	kě néng	perhaps; possibly
58	可以	kě yǐ	can; may
59	课	kè	lesson
60	快	kuài	fast; quick
61	快乐	kuài lè	happy
62	离	lí	to be distant from; to leave
63	两	liǎng	two (of something)
64	路	lù	road; route; bus number
65	旅游	lǚ yóu	tourism
66	马上	mǎ shàng	immediately
67	卖	mài	to sell
68	慢	màn	slow
69	忙	máng	busy
70	每	měi	every; each
71	妹妹	mèi mei	younger sister
72	门	mén	door
73	男人	nán rén	man

序号	词语	拼音	翻译
74	您	nín	you [polite form]
75	牛奶	niú nǎi	milk
76	女人	nǚ rén	woman
77	旁边	páng biān	next to
78	跑步	pǎo bù	running; jogging
79	便宜	pián yi	cheap
80	票	piào	ticket
81	妻子	qī zi	wife
82	起床	qǐ chuáng	get up (out of bed)
83	千	qiān	thousand
84	晴	qíng	fine; sunny
85	去年	qù nián	last year
86	让	ràng	to let; allow
87	上班	shàng bān	start work
88	身体	shēn tǐ	body; health
89	生病	shēng bìng	ill; sick; unwell
90	生日	shēng rì	birthday
91	时间	shí jiān	time
92	手表	shǒu biǎo	watch
93	手机	shǒu jī	mobile phone
94	水果	shuǐ guǒ	fruit
95	送	sòng	to give (present); deliver; see someone off
96	所以	suǒ yǐ	therefore
97	它	tā	it
98	踢足球	tī zú qiú	play football
99	题	tí	question
100	跳舞	tiào wǔ	to dance
101	外	wài	outside
102	完	wán	to finish; [+ verb indicates completion]
103	玩	wán	to play
104	晚上	wǎn shang	evening
105	为什么	wèi shén me	why?
106	问	wèn	to ask
107	问题	wèn tí	problem
108	西瓜	xī guā	watermelon
109	希望	xī wàng	hope; wish
110	洗	xǐ	to wash

序号	词语	拼音	翻译
111	小时	xiǎo shí	hour
112	笑	xiào	to laugh; smile
113	新	xīn	new
114	姓	xìng	surname
115	休息	xiū xi	to rest
116	雪	xuě	snow
117	颜色	yán sè	colour
118	眼睛	yǎn jing	eye
119	羊肉	yáng ròu	mutton
120	要	yào	want; be going to; ask for; demand
121	药	yào	medicine
122	也	yě	too; also
123	已经	yǐ jīng	already
124	一起	yì qǐ	together
125	意思	yì si	meaning
126	阴	yīn	cloudy
127	因为	yīn wèi	because
128	游泳	yóu yǒng	swimming
129	右边	yòu bian	on the right
130	鱼	yú	fish
131	圆	yuán	round
132	远	yuǎn	far
133	运动	yùn dòng	sport
134	再	zài	again
135	早上	zǎo shang	early morning
136	张	zhāng	to open up; to spread; [measure word for table, picture, paper etc]
137	丈夫	zhàng fu	husband
138	找	zhǎo	to find; to look for
139	着	zhe	-ing
140	真	zhēn	real; so (+adjective)
141	正在	zhèng zài	to be in the process of
142	准备	zhǔn bèi	to prepare
143	自行车	zì xíng chē	bicycle
144	走	zǒu	go; walk
145	最	zuì	most
146	左边	zuǒ bian	on the left

序号	词语	拼音	翻译
1	阿姨	ā yí	auntie [mother's younger sister]
2	啊	a	ah
3	矮	ǎi	short [height]
4	爱好	ài hào	interests; hobbies
5	安静	ān jìng	to be quiet
6	把	bǎ	grasp; [measure word for knives]
7	搬	bān	to move
8	班	bān	class
9	半	bàn	half
10	办法	bàn fǎ	way; method; solution
11	办公室	bàn gōng shì	office
12	帮忙	bāng máng	lend a hand
13	包	bāo	a packet of; package
14	饱	bǎo	full up; eaten to one’s satisfaction
15	北方	běi fāng	the north
16	背	bèi	back
17	鼻子	bí zi	nose
18	比较	bǐ jiào	compare
19	比赛	bǐ sài	competition; match
20	必须	bì xū	must
21	变化	biàn huà	change
22	表示	biǎo shì	express; indicate
23	表演	biǎo yǎn	performance
24	宾馆	bīn guǎn	guesthouse
25	冰箱	bīng xiāng	fridge
26	才	cái	talent; only if
27	菜单	cài dān	menu
28	参加	cān jiā	to take part
29	草	cǎo	grass
30	层	céng	storey
31	差	chà	lack; lacking
32	超市	chāo shì	supermarket
33	衬衫	chèn shān	shirt
34	成绩	chéng jì	results; marks; achievement
35	城市	chéng shì	city
36	迟到	chí dào	arrive late

序号	词语	拼音	翻译
37	出现	chū xiàn	emerge
38	厨房	chú fáng	kitchen
39	除了	chú le	apart from ("chule...yiwai" construction)
40	春	chūn	spring
41	词语	cí yǔ	words and expressions
42	聪明	cōng ming	clever; intelligent
43	打扫	dǎ sǎo	to clean
44	打算	dǎ suàn	plan; intention
45	带	dài	carry
46	担心	dān xīn	worry
47	蛋糕	dàn gāo	cake
48	当然	dāng rán	of course
49	灯	dēng	lamp
50	低	dī	low
51	地	dì	ground
52	地方	dì fang	place
53	地铁	dì tiě	underground train; tube; metro
54	地图	dì tú	map
55	电梯	diàn tī	lift; elevator
56	电子邮件	diàn zǐ yóu jiàn	email
57	东	dōng	east
58	冬	dōng	winter
59	动物	dòng wù	animals
60	短	duǎn	short
61	段	duàn	section; paragraph; [measure word for stories, pieces of music, recordings etc.]
62	锻炼	duàn liàn	to engage in physical exercise
63	多么	duō me	how ...
64	饿	è	hungry
65	而且	ér qiě	moreover; furthermore
66	耳朵	ěr duo	ears
67	发烧	fā shāo	fever; have a fever
68	发现	fā xiàn	discover
69	方便	fāng biàn	convenient
70	放	fàng	to put; set free
71	放心	fàng xīn	relax; feel relieved

序号	词语	拼音	翻译
72	分	fēn	minute
73	附近	fù jìn	nearby
74	复习	fù xí	revise
75	干净	gān jìng	clean
76	敢	gǎn	dare to
77	感冒	gǎn mào	to catch a cold
78	刚才	gāng cái	just now
79	跟	gēn	with
80	根据	gēn jù	according to
81	公园	gōng yuán	park
82	刮风	guā fēng	windy
83	关	guān	to close
84	关系	guān xì	relationship
85	关心	guān xīn	care about
86	关于	guān yú	about
87	国家	guó jiā	country
88	果汁	guǒ zhī	fruit juice
89	过去	guò qu	(in the) past
90	还是	hái shì	...or...? [in a question]
91	害怕	hài pà	afraid
92	河	hé	river
93	黑板	hēi bǎn	blackboard
94	护照	hù zhào	passport
95	花	huā	to spend (time, money); flower
96	花园	huā yuán	garden
97	画	huà	to draw; paint (pictures)
98	坏	huài	bad
99	环境	huán jìng	environment
100	换	huàn	to change (to another one)
101	黄	huáng	yellow
102	会议	huì yì	meeting
103	或者	huò zhě	perhaps
104	几乎	jī hū	almost
105	机会	jī huì	opportunity
106	极	jí	extreme
107	几	jǐ	how much/many? [expecting a small number]
108	记得	jì de	to remember

序号	词语	拼音	翻译
109	季节	jì jié	season
110	检查	jiǎn chá	inspect
111	简单	jiǎn dān	simple
112	健康	jiàn kāng	healthy; health
113	见面	jiàn miàn	to meet
114	讲	jiǎng	speak
115	教	jiāo	to teach
116	脚	jiǎo	foot
117	角	jiǎo	horn; corner; jiao (written) [unit of currency = 0.1 yuan]
118	接	jiē	connect
119	街道	jiē dào	road
120	结婚	jié hūn	marry
121	节目	jié mù	programme
122	节日	jié rì	festival
123	结束	jié shù	finish
124	解决	jiě jué	to resolve; solve
125	借	jiè	to lend
126	近	jìn	near; close by
127	经常	jīng cháng	often; regularly
128	经过	jīng guò	pass through
129	经理	jīng lǐ	manager
130	久	jiǔ	long time
131	旧	jiù	old; former
132	举行	jǔ xíng	hold (an event)
133	句子	jù zi	sentence
134	决定	jué dìng	decide
135	看	kàn	to see; to read; to watch; to look at
136	渴	kě	thirsty
137	可爱	kě ài	lovely; loveable
138	刻	kè	quarter (of an hour); to carve
139	客人	kè rén	guest
140	空调	kōng tiáo	air-conditioning
141	口	kǒu	mouth; [measure word for family members]
142	哭	kū	cry
143	裤子	kù zi	trousers
144	筷子	kuài zi	chopsticks

序号	词语	拼音	翻译
145	蓝	lán	blue
146	老	lǎo	old; aged
147	离开	lí kāi	leave
148	礼物	lǐ wù	gift; present
149	历史	lì shǐ	history
150	脸	liǎn	face
151	练习	liàn xí	to practise
152	辆	liàng	[measure word for vehicles]
153	了解	liǎo jiě	understand
154	邻居	lín jū	neighbour
155	楼	lóu	multi-storied building
156	绿	lǜ	green
157	马	mǎ	horse
158	满意	mǎn yì	pleased; satisfied
159	帽子	mào zi	hat
160	米	mǐ	rice; metre
161	面包	miàn bāo	bread
162	面条	miàn tiáo	noodles
163	明白	míng bai	to understand
164	拿	ná	to take
165	奶奶	nǎi nai	grandmother [father's mother]
166	难	nán	hard; difficult
167	南	nán	south
168	难过	nán guò	have a hard time
169	年级	nián jí	(school) year/grade
170	年轻	nián qīng	young
171	鸟	niǎo	bird
172	努力	nǔ lì	hardworking
173	爬山	pá shān	to climb hills/mountains
174	盘子	pán zi	tray
175	胖	pàng	fat
176	啤酒	pí jiǔ	beer
177	葡萄	pú tao	grapes
178	普通话	pǔ tōng huà	Standard Chinese [language]
179	骑	qí	to ride (a bicycle, horse)
180	奇怪	qí guài	strange
181	其实	qí shí	in fact
182	其他	qí tā	other

序号	词语	拼音	翻译
183	铅笔	qiān bǐ	pencil
184	清楚	qīng chu	clear
185	秋	qiū	autumn
186	裙子	qún zi	skirt
187	然后	rán hòu	and then; after that
188	热情	rè qíng	enthusiastic
189	认为	rèn wéi	to think that; consider
190	认真	rèn zhēn	earnest
191	容易	róng yì	easy
192	如果	rú guǒ	if
193	伞	sǎn	umbrella
194	上网	shàng wǎng	get on the internet
195	生气	shēng qì	to get angry
196	声音	shēng yīn	sound
197	使	shǐ	to send (someone); cause
198	世界	shì jiè	world
199	瘦	shòu	thin
200	舒服	shū fu	comfortable
201	叔叔	shū shu	uncle [father's younger brother]
202	树	shù	tree
203	数学	shù xué	maths
204	刷牙	shuā yá	brush teeth
205	双	shuāng	a pair of
206	水平	shuǐ píng	level
207	司机	sī jī	driver
208	虽然	suī rán	although
209	太阳	tài yáng	sun
210	糖	táng	sugar
211	特别	tè bié	special; especially
212	疼	téng	pain
213	提高	tí gāo	raise
214	体育	tǐ yù	physical education
215	甜	tián	sweet
216	条	tiáo	[measure word for long pieces (hair, branch, trousers etc.)]
217	同事	tóng shì	colleague
218	同意	tóng yì	to agree
219	头发	tóu fa	hair

序号	词语	拼音	翻译
220	突然	tū rán	suddenly
221	图书馆	tú shū guǎn	library
222	腿	tuǐ	leg
223	完成	wán chéng	complete
224	碗	wǎn	a bowl of
225	万	wàn	ten thousand
226	忘记	wàng jì	forget
227	位	wèi	position
228	为	wèi	for (someone; something); to do; to be
229	为了	wèi le	in order to
230	文化	wén huà	culture
231	西	xī	west
232	习惯	xí guàn	be used to
233	洗手间	xǐ shǒu jiān	toilets; washroom
234	洗澡	xǐ zǎo	have a shower; bath
235	夏	xià	summer
236	先	xiān	first
237	香蕉	xiāng jiāo	banana
238	相同	xiāng tóng	same
239	相信	xiāng xìn	to believe
240	向	xiàng	towards
241	小心	xiǎo xīn	take care
242	校长	xiào zhǎng	head teacher; principal
243	鞋	xié	shoe
244	新闻	xīn wén	news
245	新鲜	xīn xiān	fresh
246	信	xìn	letter; message
247	行李箱	xíng li xiāng	trunk [luggage]
248	兴趣	xìng qu	interests; hobbies
249	熊猫	xióng māo	panda
250	需要	xū yào	need
251	选择	xuǎn zé	choice
252	眼镜	yǎn jìng	(eye) glasses
253	要求	yāo qiú	requirement
254	爷爷	yé ye	grandfather [father's father]
255	一般	yī bān	ordinary
256	一边	yī biān	on the one hand …
257	一定	yī dìng	definitely

序号	词语	拼音	翻译
258	一共	yī gòng	altogether
259	一会儿	yī huì er	a short while
260	一样	yī yàng	same; identical
261	一直	yī zhí	straight on; always
262	以后	yǐ hòu	after
263	以前	yǐ qián	before
264	以为	yǐ wéi	think; feel; reckon
265	音乐	yīn yuè	music
266	银行	yín háng	bank
267	应该	yīng gāi	should
268	影响	yǐng xiǎng	influence; to affect
269	用	yòng	to use
270	游戏	yóu xì	game
271	有名	yǒu míng	famous
272	又	yòu	again
273	遇到	yù dào	to meet
274	愿意	yuàn yì	willing
275	越 ... 越 ...	yuè ... yuè ...	the more... the more ...
276	月亮	yuè liang	moon
277	云	yún	cloud
278	站	zhàn	stand
279	长	zhǎng	to grow up; chief
280	着急	zháo jí	anxious
281	照顾	zhào gu	to look after
282	照片	zhào piàn	photograph
283	照相机	zhào xiàng jī	camera
284	只	zhǐ	only
285	中间	zhōng jiān	middle
286	终于	zhōng yú	at last
287	种	zhǒng	kind; type
288	重要	zhòng yào	important
289	周末	zhōu mò	weekend
290	主要	zhǔ yào	mainly
291	祝	zhù	to wish
292	注意	zhù yì	take note of
293	字典	zì diǎn	dictionary
294	自己	zì jǐ	self; oneself
295	总是	zǒng shì	always

序号	词语	拼音	翻译
296	最近	zuì jìn	recently
297	作业	zuò yè	homework
298	作用	zuò yòng	effect

序号	词语	拼音	翻译
1	爱情	ài qíng	romantic love
2	安排	ān pái	to arrange; plan
3	安全	ān quán	safe; security
4	暗	àn	dark
5	按时	àn shí	on time
6	按照	àn zhào	according to
7	包括	bāo kuò	include
8	保护	bǎo hù	protection; to protect
9	保证	bǎo zhèng	guarantee
10	抱	bào	to hold
11	报道	bào dào	report
12	报名	bào míng	sign up
13	抱歉	bào qiàn	apologise
14	被	bèi	quilt; by (somebody/something)
15	本来	běn lái	originally
16	笨	bèn	stupid
17	笔记本	bǐ jì běn	notebook
18	毕业	bì yè	graduate
19	遍	biàn	time [when doing something repeatedly]
20	标准	biāo zhǔn	standard; standardised
21	表达	biǎo dá	to voice (an opinion)
22	表格	biǎo gé	form; table
23	表扬	biǎo yáng	to praise
24	饼干	bǐng gān	cookie; biscuit
25	并且	bìng qiě	and
26	博士	bó shì	doctor
27	不但	bú dàn	not only
28	不过	bú guò	however
29	不得不	bù dé bù	to have to
30	不管	bù guǎn	regardless of; no matter (what/how)
31	不仅	bù jǐn	not only [this one]
32	擦	cā	rub
33	猜	cāi	guess
34	材料	cái liào	material
35	参观	cān guān	to visit (a place; a museum; etc.)
36	差不多	chà bu duō	almost

序号	词语	拼音	翻译
37	尝	cháng	taste
38	长城	Cháng chéng	The Great Wall
39	长江	Cháng jiāng	Yangtze River
40	超过	chāo guò	exceed
41	吵	chǎo	noisy
42	成功	chéng gōng	success; successful
43	诚实	chéng shí	honest
44	成熟	chéng shú	mature
45	成为	chéng wéi	become
46	乘坐	chéng zuò	to ride (in a vehicle)
47	吃惊	chī jīng	to be startled
48	重新	chóng xīn	again
49	抽烟	chōu yān	to smoke
50	出差	chū chāi	go on business trip
51	出发	chū fā	set off; depart
52	出生	chū shēng	birth; to be born
53	传真	chuán zhēn	fax
54	窗户	chuāng hu	window
55	词典	cí diǎn	dictionary
56	从来	cóng lái	always
57	粗心	cū xīn	careless
58	答案	dá àn	answer
59	打扮	dǎ ban	to decorate
60	打扰	dǎ rǎo	disturb
61	打印	dǎ yìn	print
62	打折	dǎ zhé	to give a discount
63	打针	dǎ zhēn	give/have an injection
64	大概	dà gài	probably; maybe
65	大使馆	dà shǐ guǎn	embassy
66	大约	dà yuē	approximately; around; about
67	戴	dài	to wear (accessories)
68	代表	dài biǎo	to stand for; on behalf of representative
69	大夫	dài fu	doctor
70	代替	dài tì	instead
71	当	dāng	work as
72	当地	dāng dì	local area
73	当时	dāng shí	at that time
74	刀	dāo	knife

序号	词语	拼音	翻译
75	导游	dǎo yóu	lead a site-seeing tour
76	到处	dào chù	everywhere
77	到底	dào dǐ	in the end
78	道歉	dào qiàn	apology
79	得意	dé yì	proud of oneself
80	得	děi	need to
81	底	dǐ	bottom
82	地球	dì qiú	earth
83	地址	dì zhǐ	address
84	掉	diào	lose; [as a complement after some verbs to indicate result of action]
85	调查	diào chá	investigation
86	丢	diū	lose
87	动作	dòng zuò	movement
88	堵车	dǔ chē	traffic jam
89	肚子	dù zi	belly
90	断	duàn	to break
91	对话	duì huà	dialogue
92	对面	duì miàn	opposite
93	顿	dùn	[measure word for occurences, and therefore of meals]
94	朵	duǒ	stem; [measure word for flowers]
95	而	ér	and; while
96	儿童	ér tóng	child; children
97	发	fā	to send (an email)
98	发生	fā shēng	happen
99	发展	fā zhǎn	develop
100	法律	fǎ lǜ	law
101	翻译	fān yì	to translate
102	烦恼	fán nǎo	to be worried
103	反对	fǎn duì	to fight against; to opposed to something
104	反映	fǎn yìng	to mirror
105	范围	fàn wéi	range
106	方法	fāng fǎ	method
107	方面	fāng miàn	aspect
108	方向	fāng xiàng	direction
109	访问	fǎng wèn	to interview; visit
110	放弃	fàng qì	to renounce

序号	词语	拼音	翻译
111	放暑假	fàng shǔ jià	to be on summer vacation
112	Y 分之 X	fēn zhī	X out of Y
113	份	fèn	portion
114	丰富	fēng fù	enrich; abundant rich; plentiful
115	风景	fēng jǐng	scenery
116	否则	fǒu zé	if not
117	符合	fú hé	tally with; accord with
118	富	fù	rich
119	父亲	fù qīn	father
120	复印	fù yìn	to photocopy
121	复杂	fù zá	complicated
122	负责	fù zé	responsible for
123	改变	gǎi biàn	to change
124	干杯	gān bēi	cheers
125	干燥	gān zào	dull; dry
126	感动	gǎn dòng	move (emotionally)
127	感觉	gǎn jué	feel
128	感情	gǎn qíng	feeling
129	感谢	gǎn xiè	to thank
130	高级	gāo jí	advanced; high level
131	各	gè	each
132	个子	gè zi	height; stature
133	工具	gōng jù	tool
134	公里	gōng lǐ	kilometre
135	工资	gōng zī	wage; salary
136	共同	gòng tóng	jointly
137	够	gòu	enough
138	购物	gòu wù	shopping
139	孤单	gū dān	alone
140	估计	gū jì	to estimate
141	鼓励	gǔ lì	encourage
142	鼓掌	gǔ zhǎng	applaud
143	顾客	gù kè	customer
144	故意	gù yì	intentional
145	挂	guà	hang up
146	关键	guān jiàn	crucial (point)
147	观众	guān zhòng	audience
148	管理	guǎn lǐ	to supervise

序号	词语	拼音	翻译
149	光	guāng	light
150	广播	guǎng bō	broadcast
151	广告	guǎng gào	advertisement
152	逛	guàng	stroll
153	规定	guī dìng	rule
154	国际	guó jì	international
155	果然	guǒ rán	really
156	过程	guò chéng	course of events
157	海洋	hǎi yáng	ocean
158	害羞	hài xiū	shy
159	寒假	hán jià	winter holiday
160	汗	hàn	sweat
161	航班	háng bān	flight
162	好处	hǎo chu	advantage; benefit
163	好像	hǎo xiàng	to seem
164	号码	hào mǎ	number
165	合格	hé gé	qualified
166	合适	hé shì	suitable
167	盒子	hé zi	small box
168	猴子	hóu zi	monkey
169	厚	hòu	thick
170	后悔	hòu huǐ	to regret
171	后来	hòu lái	afterward
172	忽然	hū rán	suddenly
173	护士	hù shi	nurse
174	互相	hù xiāng	each other
175	怀疑	huái yí	doubt
176	还	huán	to return
177	回忆	huí yì	to recall
178	活动	huó dòng	activity
179	活泼	huó po	brisk; lively
180	火	huǒ	fire
181	获得	huò dé	obtain; win
182	基础	jī chǔ	base
183	激动	jī dòng	to excite
184	积极	jī jí	active
185	积累	jī lěi	to accumulate
186	集合	jí hé	to gather

序号	词语	拼音	翻译
187	极其	jí qí	extremely
188	及时	jí shí	in time
189	即使	jí shǐ	even if
190	寄	jì	to send (mail; post)
191	计划	jì huà	plan
192	既然	jì rán	since
193	技术	jì shù	technology
194	继续	jì xù	to carry on; continue
195	记者	jì zhě	journalist
196	加班	jiā bān	over work
197	家具	jiā jù	furniture
198	加油站	jiā yóu zhàn	petrol station
199	假	jiǎ	FALSE
200	价格	jià gé	price
201	坚持	jiān chí	to persevere with
202	减肥	jiǎn féi	to lose weight
203	减少	jiǎn shǎo	to reduce; to cut back; decrease
204	将来	jiāng lái	in the future; future
205	奖金	jiǎng jīn	premium
206	降低	jiàng dī	to reduce
207	交	jiāo	exchange to hand over; to accociate with
208	骄傲	jiāo ào	proud; arrogant
209	交流	jiāo liú	exchange; communication
210	交通	jiāo tōng	transport; traffic
211	饺子	jiǎo zi	dumpling
212	教授	jiào shòu	professor
213	教育	jiào yù	education
214	接受	jiē shòu	accept
215	节约	jié yuē	to save; economise
216	解释	jiě shì	to justify; explanation
217	尽管	jǐn guǎn	without hesitating; despite
218	紧张	jǐn zhāng	nervous; anxious
219	进行	jìn xíng	advance; progress
220	禁止	jìn zhǐ	to ban; prohibit; forbid
221	精彩	jīng cǎi	brilliant
222	经济	jīng jì	economics
223	京剧	jīng jù	Beijing opera
224	经历	jīng lì	experience

序号	词语	拼音	翻译
225	精神	jīng shén	essence; spirit
226	经验	jīng yàn	experience
227	警察	jǐng chá	police
228	竟然	jìng rán	[indicates unexpectedness]
229	竞争	jìng zhēng	to compete
230	镜子	jìng zi	mirror
231	究竟	jiū jìng	after all; when all is said and done
232	举办	jǔ bàn	hold; conduct; run [an event]
233	拒绝	jù jué	to refuse
234	距离	jù lí	distance; be away from
235	开玩笑	kāi wán xiào	joke
236	看法	kàn fǎ	opinion
237	考虑	kǎo lǜ	consider
238	棵	kē	individual [measure word for trees, cabbages, plants etc]
239	科学	kē xué	science
240	咳嗽	ké sou	cough
241	可怜	kě lián	pitiful; to have pity on
242	可是	kě shì	but
243	可惜	kě xī	it's a pity
244	肯定	kěn dìng	certain; definite
245	空气	kōng qì	air
246	恐怕	kǒng pà	afraid
247	苦	kǔ	bitter
248	宽	kuān	wide
249	困	kùn	difficulty; sleepy
250	困难	kùn nan	difficulty
251	扩大	kuò dà	to expand
252	拉	lā	to play (a bowed instrument) to pull
253	垃圾桶	lā jī tǒng	rubbish bin
254	辣	là	spicy
255	来不及	lái bu jí	there's not enough time (to do something)
256	来得及	lái de jí	there's still time
257	懒	lǎn	lazy
258	浪费	làng fèi	waste
259	浪漫	làng màn	romantic
260	老虎	lǎo hǔ	tiger

序号	词语	拼音	翻译
261	冷静	lěng jìng	calm
262	理发	lǐ fà	hair-dressing
263	理解	lǐ jiě	comprehend; understanding
264	礼貌	lǐ mào	courtesy; politeness
265	理想	lǐ xiǎng	ideal; ambition
266	厉害	lì hai	difficult to deal with
267	力气	lì qi	strength
268	例如	lì rú	for example
269	俩	liǎ	two; both (people)
270	连	lián	connect
271	联系	lián xì	to make contact
272	凉快	liáng kuai	cool
273	亮	liàng	bright; to shine
274	聊天	liáo tiān	to chat
275	另外	lìng wài	another
276	留	liú	remain
277	流泪	liú lèi	to shed tears
278	流利	liú lì	fluent
279	流行	liú xíng	popular
280	留学	liú xué	study abroad
281	乱	luàn	chaotic
282	律师	lǜ shī	lawyer
283	麻烦	má fan	hassle; to trouble somebody
284	马虎	mǎ hu	careless
285	满	mǎn	reach a quota or limit; full
286	毛巾	máo jīn	towel
287	美丽	měi lì	pretty
288	梦	mèng	dream
289	密码	mì mǎ	code
290	免费	miǎn fèi	free
291	民族	mín zú	nationality
292	母亲	mǔ qīn	mother
293	目的	mù dì	objective; purpose
294	耐心	nài xīn	patient
295	难道	nán dào	could it be...?
296	难受	nán shòu	feel unwell; difficult to bear
297	内	nèi	within
298	内容	nèi róng	content

序号	词语	拼音	翻译
299	能力	néng lì	skills; ability
300	年龄	nián líng	age
301	农村	nóng cūn	countryside rural area
302	弄	nòng	play with; fix; manage
303	暖和	nuǎn huo	warm
304	偶尔	ǒu ěr	occasionally
305	排列	pái liè	array
306	判断	pàn duàn	to decide
307	陪	péi	accompany
308	批评	pī píng	criticise
309	皮肤	pí fū	skin
310	篇	piān	sheet
311	骗	piàn	deceive; cheat
312	乒乓球	pīng pāng qiú	table tennis; ping-pong
313	平时	píng shí	ordinarily
314	瓶子	píng zi	bottle
315	破	pò	break
316	普遍	pǔ biàn	universal
317	其次	qí cì	next
318	其中	qí zhōng	among which
319	起飞	qǐ fēi	take off [plane]
320	气候	qì hòu	climate
321	千万	qiān wàn	ten million
322	签证	qiān zhèng	visa
323	墙	qiáng	wall
324	敲	qiāo	to hit
325	桥	qiáo	bridge
326	巧克力	qiǎo kè lì	chocolate
327	亲戚	qīn qi	relatives
328	轻	qīng	light-weight
329	轻松	qīng sōng	gentle
330	情况	qíng kuàng	happening
331	请假	qǐng jià	ask for leave
332	请客	qǐng kè	invite to dinner
333	穷	qióng	poor
334	区别	qū bié	difference
335	取	qǔ	take; get
336	全部	quán bù	all

序号	词语	拼音	翻译
337	缺点	quē diǎn	disadvantage
338	缺少	quē shǎo	lack
339	却	què	but
340	确实	què shí	indeed
341	群	qún	group
342	然而	rán ér	however
343	热闹	rè nao	bustling; lively
344	人民币	rén mín bì	Renminbi [Chinese currency]
345	任何	rèn hé	any
346	任务	rèn wu	task
347	扔	rēng	to throw
348	仍然	réng rán	still
349	日记	rì jì	diary
350	入口	rù kǒu	entrance [to a building]
351	软	ruǎn	soft
352	散步	sàn bù	to go for a walk; stroll
353	森林	sēn lín	forest
354	沙发	shā fā	sofa
355	商量	shāng liang	to consult
356	伤心	shāng xīn	sad
357	稍微	shāo wēi	a little bit
358	社会	shè huì	society
359	深	shēn	dark [colour]; deep
360	申请	shēn qǐng	to apply; application
361	甚至	shèn zhì	even
362	生活	shēng huó	life
363	生命	shēng mìng	life
364	省	shěng	to save
365	剩	shèng	spare
366	失败	shī bài	fail
367	师傅	shī fu	master
368	湿润	shī rùn	moist
369	失望	shī wàng	disappointed
370	十分	shí fēn	completely; utterly [literally "ten points"]
371	实际	shí jì	reality; specific; actual
372	食品	shí pǐn	food (items)
373	实在	shí zài	truly
374	使用	shǐ yòng	use

序号	词语	拼音	翻译
375	试	shì	to try
376	市场	shì chǎng	market
377	适合	shì hé	suitable for
378	世纪	shì jì	century
379	适应	shì yìng	to adapt
380	收	shōu	to receive
381	收入	shōu rù	income
382	收拾	shōu shi	to put in order
383	首都	shǒu dū	capital (city)
384	首先	shǒu xiān	first
385	受不了	shòu bù liǎo	cannot bear it
386	售货员	shòu huò yuán	sales assistant
387	输	shū	to lose
388	熟悉	shú xī	to be familiar with
389	数量	shù liàng	amount
390	数字	shù zì	digital
391	帅	shuài	handsome
392	顺便	shùn biàn	in passing; incidentally
393	顺利	shùn lì	smooth
394	顺序	shùn xù	sequence
395	说明	shuō míng	to explain; instruction
396	硕士	shuò shì	master's degree
397	死	sǐ	die; extremely; rigid
398	速度	sù dù	speed
399	塑料袋	sù liào dài	plastic bag
400	酸	suān	sour
401	算	suàn	reckon
402	随便	suí biàn	as one wishes
403	随着	suí zhe	along with
404	所有	suǒ yǒu	all
405	抬	tái	to lift
406	台	tái	platform
407	态度	tài du	manner
408	谈	tán	talk
409	弹钢琴	tán gāng qín	to play the piano
410	汤	tāng	soup
411	躺	tǎng	lie down
412	讨论	tǎo lùn	to discuss

序号	词语	拼音	翻译
413	讨厌	tǎo yàn	dislike; loathe
414	特点	tè diǎn	characteristic feature
415	提供	tí gōng	to offer
416	提前	tí qián	in advance
417	提醒	tí xǐng	remind
418	填空	tián kòng	fill in blanks
419	条件	tiáo jiàn	condition
420	停止	tíng zhǐ	to stop
421	挺	tǐng	quite
422	通过	tōng guò	by means of; through; via
423	通知	tōng zhī	notify
424	同情	tóng qíng	to sympathize with
425	推	tuī	to push; refuse
426	推迟	tuī chí	to postpone
427	脱	tuō	to escape; shed
428	袜子	wà zi	socks
429	完全	wán quán	complete
430	往	wǎng	towards
431	网球	wǎng qiú	tennis
432	往往	wǎng wǎng	often
433	网站	wǎng zhàn	website
434	危险	wēi xiǎn	dangerous; danger
435	味道	wèi dào	flavour
436	温度	wēn dù	temperature
437	文章	wén zhāng	essay
438	握手	wò shǒu	to shake hands
439	污染	wū rǎn	pollution; to contaminate
440	无	wú	without
441	无聊	wú liáo	bored; boring
442	无论	wú lùn	no matter what or how
443	误会	wù huì	to misunderstand
444	西红柿	xī hóng shì	tomato
445	吸引	xī yǐn	to attract (interest, investment etc)
446	洗衣机	xǐ yī jī	washing machine
447	咸	xián	salty
448	现代	xiàn dài	modern
449	羡慕	xiàn mù	to envy
450	限制	xiàn zhì	to restrict

序号	词语	拼音	翻译
451	香	xiāng	fragrant
452	相反	xiāng fǎn	opposite; on the contrary
453	详细	xiáng xì	detailed
454	响	xiǎng	echo
455	消息	xiāo xi	news
456	小说	xiǎo shuō	novel
457	效果	xiào guǒ	result
458	笑话	xiào huà	joke
459	辛苦	xīn kǔ	hard; tough [work; life]
460	心情	xīn qíng	mood
461	信任	xìn rèn	to trust
462	信心	xìn xīn	confidence
463	信用卡	xìn yòng kǎ	credit card
464	兴奋	xīng fèn	excited
465	行	xíng	OK
466	醒	xǐng	wake; awake
467	性别	xìng bié	sex; gender
468	幸福	xìng fú	happiness
469	性格	xìng gé	temperament
470	修	xiū	repair
471	许多	xǔ duō	many
472	血	xuè	blood
473	压力	yā lì	pressure
474	牙膏	yá gāo	toothpaste
475	亚洲	Yà zhōu	Asia
476	呀	ya	ah
477	盐	yán	salt
478	严格	yán gé	strict
479	研究生	yán jiū shēng	graduate student
480	严重	yán zhòng	serious
481	演出	yǎn chū	performance
482	演员	yǎn yuán	actor/actress
483	阳光	yáng guāng	optimistic; cheerful; sunlight
484	养成	yǎng chéng	to cultivate
485	样子	yàng zi	appearance
486	邀请	yāo qǐng	invitation
487	钥匙	yào shi	key
488	也许	yě xǔ	perhaps

序号	词语	拼音	翻译
489	页	yè	page
490	叶子	yè zi	foliage
491	一切	yī qiè	everything
492	以	yǐ	using because of; so as to
493	亿	yì	100 million
494	意见	yì jiàn	idea
495	艺术	yì shù	art
496	因此	yīn cǐ	because of this
497	饮料	yǐn liào	drink
498	引起	yǐn qǐ	to give rise to
499	印象	yìn xiàng	impression
500	赢	yíng	win
501	硬	yìng	hard
502	勇敢	yǒng gǎn	brave
503	永远	yǒng yuǎn	forever
504	优点	yōu diǎn	advantage
505	幽默	yōu mò	humorous
506	优秀	yōu xiù	outstanding
507	由	yóu	from
508	尤其	yóu qí	especially
509	由于	yóu yú	due to
510	友好	yǒu hǎo	friendly
511	有趣	yǒu qù	interesting; fascinating
512	友谊	yǒu yì	companionship
513	愉快	yú kuài	joyful
514	于是	yú shì	as a result
515	语法	yǔ fǎ	grammar
516	羽毛球	yǔ máo qiú	badminton
517	语言	yǔ yán	language
518	预习	yù xí	to prepare a lesson
519	元	yuán	yuan [unit of Chinese currency]; dollar
520	原来	yuán lái	originally
521	原谅	yuán liàng	to excuse
522	原因	yuán yīn	reason
523	约会	yuē huì	appointment
524	阅读	yuè dú	reading
525	允许	yǔn xǔ	allow; permit
526	杂志	zá zhì	magazine

序号	词语	拼音	翻译
527	咱们	zán men	we [you and me etc.]
528	暂时	zàn shí	for the time being; temporary
529	责任	zé rèn	responsibility
530	增加	zēng jiā	to increase; add; raise
531	增长	zēng zhǎng	to grow
532	窄	zhǎi	narrow
533	招聘	zhāo pìn	recruitment
534	真正	zhēn zhèng	real
535	整理	zhěng lǐ	to arrange
536	整齐	zhěng qí	tidy
537	正常	zhèng cháng	normal; fine; generally speaking
538	正好	zhèng hǎo	just right
539	证明	zhèng míng	proof
540	正确	zhèng què	correct
541	正式	zhèng shì	formal
542	之	zhī	[a more literary form of 的 ; showing possession]
543	只	zhī	[measure word for animals]
544	支持	zhī chí	to be in favour of
545	知识	zhī shi	knowledge
546	值得	zhí de	worthy
547	直接	zhí jiē	direct
548	植物	zhí wù	plants
549	职业	zhí yè	profession; career
550	指	zhǐ	finger; point at
551	只好	zhǐ hǎo	have to; forced to
552	只要	zhǐ yào	so long as ...
553	质量	zhì liàng	quality
554	至少	zhì shǎo	at least
555	制造	zhì zào	to manufacture
556	中文	zhōng wén	Chinese [written language]
557	重点	zhòng diǎn	main point
558	重视	zhòng shì	value
559	周围	zhōu wéi	around
560	猪	zhū	pig
561	逐渐	zhú jiàn	gradually
562	主动	zhǔ dòng	take the initiative
563	主意	zhǔ yi	idea

序号	词语	拼音	翻译
564	祝贺	zhù hè	to congratulate
565	著名	zhù míng	famous
566	专门	zhuān mén	specialised
567	专业	zhuān yè	professional
568	赚	zhuàn	to earn
569	撞	zhuàng	to hit
570	准确	zhǔn què	accurate
571	准时	zhǔn shí	punctual
572	仔细	zǐ xì	careful
573	自然	zì rán	natural
574	总结	zǒng jié	to sum up
575	租	zū	to rent
576	组成	zǔ chéng	to form
577	组织	zǔ zhī	organisation
578	嘴	zuǐ	mouth
579	最好	zuì hǎo	best
580	最后	zuì hòu	lastly
581	尊重	zūn zhòng	to honour
582	座	zuò	seat
583	做生意	zuò shēng yi	to do business
584	座位	zuò wèi	place; seat
585	作者	zuò zhě	author

序号	词语	拼音	翻译
1	唉	ài	oh; ah; well
2	爱护	ài hù	care; cherish; take good care of
3	爱惜	ài xī	value; cherish; treasure
4	爱心	ài xīn	compassion; kindness; consideration
5	安慰	ān wèi	to comfort; console
6	安装	ān zhuāng	to install; mount; erect
7	岸	àn	shore; coast; bank;
8	把握	bǎ wò	to grasp; to hold; seize
9	摆	bǎi	to arrange; set in order; pendulum; lower hem (of a gown/jacket/skirt)
10	班主任	bān zhǔ rèn	a teacher in charge of a class; class leader
11	办理	bàn lǐ	deal with; attend to; handle
12	棒	bàng	stick; staff; excellent
13	傍晚	bàng wǎn	towards evening; at nightfall; at dusk
14	包裹	bāo guǒ	wrap up; pack up
15	包含	bāo hán	to contain; embody; include; inclusion
16	包子	bāo zi	bao zi [steamed stuffed bun]
17	薄	báo	thin; flimsy
18	宝贝	bǎo bèi	treasure; baby
19	保持	bǎo chí	to keep; hold; retain; maintain
20	保存	bǎo cún	preserve; keep; conserve
21	宝贵	bǎo guì	valuable; precious
22	保留	bǎo liú	continue to have; persist; to retain; hold back
23	保险	bǎo xiǎn	guarantee; insurance
24	报告	bào gào	report; make known; inform
25	悲观	bēi guān	pessimistic
26	倍	bèi	times; double; twice as much
27	背景	bèi jǐng	background
28	被子	bèi zi	quilt
29	本科	běn kē	undergraduate course; regular college course
30	本领	běn lǐng	capability; capacity; faculty
31	本质	běn zhì	nature; innate character; intrinsic quality

序号	词语	拼音	翻译
32	彼此	bǐ cǐ	each other; both parties; one another
33	比例	bǐ lì	scale; proportion; ratio
34	比如	bǐ rú	for example; for instance; such as
35	毕竟	bì jìng	after all; all in all; when all is said and done
36	避免	bì miǎn	to avoid; refrain from; prevent something from happening
37	必然	bì rán	inevitable; certain; necessarily
38	必需	bì xū	essential; indispensable; vital need
39	必要	bì yào	requisite; necessary; essential
40	编辑	biān jí	edit; compile
41	鞭炮	biān pào	firecrackers
42	便	biàn	convenience; excrement or urine; relieve oneself
43	辩论	biàn lùn	argue; debate
44	标点	biāo diǎn	punctuation
45	标志	biāo zhì	sign; symbol; hallmark
46	表面	biǎo miàn	surface
47	表明	biǎo míng	make known; state clearly; indicate
48	表情	biǎo qíng	expression; look
49	表现	biǎo xiàn	expression; representation; display
50	丙	bǐng	third; the third of the Ten Heavenly Stems
51	病毒	bìng dú	virus
52	玻璃	bō lì	glass
53	博物馆	bó wù guǎn	museum
54	脖子	bó zi	neck
55	不必	bú bì	need not
56	不断	bú duàn	ceaseless; uninterrupted; continual continuous; unceasing
57	不见得	bú jiàn de	not likely; not necessarily
58	不耐烦	bú nài fán	impatient
59	不要紧	bú yào jǐn	not important; not serious It doesn't matter; never mind
60	补充	bǔ chōng	add; supplement; replenish
61	布	bù	cloth; textile; proclaim
62	不安	bù ān	uneasy; unsettled; unstable
63	不得了	bù dé liǎo	desperately serious disastrous; terrible

序号	词语	拼音	翻译
64	部分	bù fen	part; section; portion
65	不好意思	bù hǎo yì si	I'm sorry; excuse me
66	部门	bù mén	department; branch; section
67	不免	bù miǎn	unavoidable; bound to; invariably inevitably
68	不然	bù rán	not the case; otherwise
69	不如	bù rú	it would be better to ⋯not as good as
70	步骤	bù zhòu	step; move; procedure
71	不足	bù zú	not enough; insufficient
72	财产	cái chǎn	property; assets; estate
73	踩	cǎi	to step on; to stamp on; trample
74	采访	cǎi fǎng	to interview
75	彩虹	cǎi hóng	rainbow
76	采取	cǎi qǔ	to carry out; adopt; take
77	参考	cān kǎo	to consult; to refer to
78	餐厅	cān tīng	canteen
79	参与	cān yù	to take part; to participate in
80	残疾	cán jí	physical disability; deformity
81	惭愧	cán kuì	ashamed
82	操场	cāo chǎng	playground; sports ground; drill ground
83	操心	cāo xīn	to worry about; to take pains over; be concerned over
84	册	cè	volume; copy [measure word for books]
85	厕所	cè suǒ	toilets; lavatory
86	测验	cè yàn	test; trial run; examination
87	曾经	céng jīng	once
88	插	chā	stick in; to insert; interpose
89	差别	chā bié	difference
90	叉子	chā zi	fork; prong
91	拆	chāi	to tear open; take apart; pull down
92	产品	chǎn pǐn	product
93	产生	chǎn shēng	produce
94	常识	cháng shí	general knowledge
95	长途	cháng tú	long-distance
96	抄	chāo	to copy; transcribe; plagiarise
97	朝	cháo	dynasty; court; government
98	朝代	cháo dài	dynasty
99	炒	chǎo	stir-fry

序号	词语	拼音	翻译
100	吵架	chǎo jià	to quarrel; have a row
101	车库	chē kù	garage
102	车厢	chē xiāng	railway carriage; compartment
103	彻底	chè dǐ	thorough
104	沉默	chén mò	reticent; taciturn; uncommunicative
105	趁	chèn	to take advantage of; avail oneself of
106	称	chēng	fit; match; to name
107	称呼	chēng hu	call; address
108	称赞	chēng zàn	to praise; to acclaim; to commend
109	乘	chéng	to ride on; avail oneself of to multiply
110	承担	chéng dān	bear; to undertake; assume
111	程度	chéng dù	level; degree; extent
112	成分	chéng fèn	composition; component part; ingredient
113	成果	chéng guǒ	achievement; gain; positive result
114	成就	chéng jiù	achievement; accomplishment; attainment
115	诚恳	chéng kěn	sincere; earnest
116	成立	chéng lì	found; to establish; set up
117	承认	chéng rèn	to admit; to acknowledge; to recognise
118	承受	chéng shòu	to bear; support; to endure; inherit
119	程序	chéng xù	order; procedure; sequence
120	成语	chéng yǔ	set phrase; idiom; proverb
121	成长	chéng zhǎng	to grow up
122	吃亏	chī kuī	to suffer losses; come to grief; take a beating
123	持续	chí xù	last; continue; sustain
124	池子	chí zi	pond; bathing pool; dance floor
125	尺子	chǐ zi	ruler
126	翅膀	chì bǎng	wing [of a bird]
127	冲	chōng	to flush; vigorously; on the strength of
128	充电器	chōng diàn qì	(battery) charger
129	充分	chōng fèn	full; ample
130	充满	chōng mǎn	be filled with; be full of
131	重复	chóng fù	to repeat; to duplicate; iterate
132	宠物	chǒng wù	pet
133	抽屉	chōu ti	drawer
134	抽象	chōu xiàng	abstract

序号	词语	拼音	翻译
135	丑	chǒu	ugly; clown in Beijing opera; the second of the Twelve Earthly Branches
136	臭	chòu	smelly; stinking
137	出版	chū bǎn	publish; come off the press
138	初级	chū jí	elementary; primary; initial
139	出口	chū kǒu	exit [from a building]
140	出色	chū sè	outstanding; remarkable; splendid
141	出席	chū xí	to attend; to be present
142	除	chú	get rid of; eliminate; remove
143	除非	chú fēi	only if; only when; unless
144	除夕	chú xī	(lunar) New Year's Eve
145	处理	chǔ lǐ	to handle; deal with; manage
146	传播	chuán bō	disseminate; propagate
147	传递	chuán dì	transmit; deliver; hand down
148	传染	chuán rǎn	infect; be contagious
149	传说	chuán shuō	legend; lore
150	传统	chuán tǒng	tradition; custom
151	窗帘	chuāng lián	curtains; sunblind
152	闯	chuǎng	to rush; charge
153	创造	chuàng zào	create
154	吹	chuī	to blow; puff
155	磁带	cí dài	magnetic tape; storage tape
156	辞职	cí zhí	to resign; hand in one's resignation
157	此外	cǐ wài	besides; in addition; furthermore
158	刺激	cì jī	to stimulate; provoke; irritate
159	次要	cì yào	less important; secondary; subordinate
160	匆忙	cōng máng	hastily; in a hurry
161	从	cóng	from; follow; comply with
162	从此	cóng cǐ	from this time on; from now; then on
163	从而	cóng ér	thus; therebyupon
164	从前	cóng qián	in the past; formerly
165	从事	cóng shì	go in for; devote oneself to; be to engaged in [formal]
166	醋	cù	vinegar
167	促进	cù jìn	promote; boost; accelerate
168	促使	cù shǐ	precipitate; impel; to urge
169	催	cuī	to urge; hurry; to hasten
170	存	cún	store; keep; survive

序号	词语	拼音	翻译
171	存在	cún zài	to exist; be
172	措施	cuò shī	measure; step
173	错误	cuò wù	error; mistake
174	答应	dā ying	answer; reply; to agree
175	达到	dá dào	to achieve; attain; reach
176	打工	dǎ gōng	do manual work
177	打交道	dǎ jiāo dào	make contact with; have dealings with
178	打喷嚏	dǎ pēn tì	to sneeze
179	打听	dǎ ting	to ask about; inquire about
180	打招呼	dǎ zhāo hu	greet somebody
181	大方	dà fang	generous; liberal
182	大象	dà xiàng	elephant
183	大型	dà xíng	large-scale
184	呆	dāi	slow-witted; stupid; to stay
185	贷款	dài kuǎn	to provide a loan; make an advance to; extend credit to
186	待遇	dài yù	treatment
187	单纯	dān chún	simple; pure; alone
188	单调	dān diào	monotonous; dull; drab
189	单独	dān dú	alone; by oneself; on one's own; single-handed
190	担任	dān rèn	assume the office of; to hold the post of
191	单位	dān wèi	unit
192	耽误	dān wu	delay; hold up
193	单元	dān yuán	unit; cell
194	胆小鬼	dǎn xiǎo guǐ	coward
195	淡	dàn	thin; light in colour; tasteless
196	当代	dāng dài	the present age; the contemporary era
197	挡	dǎng	to block; hinder; resist
198	岛	dǎo	island
199	倒霉	dǎo méi	fall on hard times; have bad luck
200	导演	dǎo yǎn	director
201	导致	dǎo zhì	to cause; lead to; result in
202	倒	dào	to reverse; turn upside down; to pour
203	到达	dào dá	to arrive; get to reach
204	道德	dào dé	morality; ethics
205	道理	dào lǐ	reason; principle; truth
206	登机牌	dēng jī pái	boarding pass

序号	词语	拼音	翻译
207	登记	dēng jì	to register; check in
208	等待	děng dài	to wait for; to await
209	等候	děng hòu	to wait; await; expect
210	等于	děng yú	equal to; equivalent to; be worth
211	滴	dī	to drip; to drop; droplet
212	的确	dí què	really; and no mistake; indeed
213	敌人	dí rén	enemy; foe
214	递	dì	to hand over; to pass on; progressively
215	地理	dì lǐ	geographical features of a place; geography
216	地区	dì qū	area; district; region
217	地毯	dì tǎn	carpet; rug
218	地位	dì wèi	position; standing; status
219	地震	dì zhèn	earthquake; tremour
220	点头	diǎn tóu	nod (one's head)
221	点心	diǎn xin	snack; dim sum
222	电池	diàn chí	battery; cell
223	电台	diàn tái	transceiver; radio station
224	钓	diào	fish with a hook and line; angle
225	丁	dīng	fourth; cubes
226	顶	dǐng	apex; [measure word for something with a top (e.g. hat, tent, etc.)]
227	洞	dòng	hole; cavity
228	冻	dòng	frozen; jelly
229	动画片	dòng huà piān	cartoon
230	逗	dòu	to tease; play with; amuse
231	豆腐	dòu fu	bean curd; tofu
232	独立	dú lì	stand alone; independent; on one's own
233	独特	dú tè	unique; distinctive
234	度过	dù guò	spend; pass
235	短信	duǎn xìn	text message; SMS
236	堆	duī	heap; pile; crowd
237	对比	duì bǐ	contrast; comparison; ratio
238	对待	duì dài	to treat; handle; be in a position related to another
239	对方	duì fāng	counterpart; the other party
240	对手	duì shǒu	opponent; adversary; rival
241	对象	duì xiàng	target; object; partner

序号	词语	拼音	翻译
242	对于	duì yú	about; with regard to
243	吨	dūn	ton
244	蹲	dūn	squat on the heels; to crouch
245	多亏	duō kuī	thanks to; owing to; fortunately
246	多余	duō yú	unnecessary; surplus; superfluous
247	躲藏	duǒ cáng	to hide oneself; go into hiding
248	恶劣	è liè	odious; vile; disgusting
249	发表	fā biǎo	to issue; to publish; report
250	发愁	fā chóu	to worry; to be anxious; sullen
251	发达	fā dá	developed; advanced; prosperous
252	发抖	fā dǒu	to shiver; shake; tremble
253	发挥	fā huī	bring into play; give free rein to
254	发明	fā míng	invent; expound
255	发票	fā piào	bill; receipt
256	发言	fā yán	speak; make a statement; take the floor
257	罚款	fá kuǎn	(impose a) fine
258	法院	fǎ yuàn	court of law
259	繁荣	fán róng	flourishing; prosperous; booming
260	凡是	fán shì	every; any; all
261	反而	fǎn ér	on the contrary; instead
262	反复	fǎn fù	repeatedly; again and again; over and over
263	反应	fǎn yìng	reaction; response; repercussion
264	反正	fǎn zhèng	anyway; anyhow; in any case
265	方	fāng	square; honest; just now
266	方案	fāng àn	scheme; plan; programme
267	方式	fāng shì	way; fashion; pattern
268	妨碍	fáng ài	to hinder; hamper; impede
269	房东	fáng dōng	landlord/landlady
270	仿佛	fǎng fú	to seem as if; be more or less the same; be alike
271	放松	fàng sōng	to relax; slacken; loosen
272	非	fēi	un-; non-; short for Africa
273	肥皂	féi zào	soap
274	肺	fèi	lung
275	废话	fèi huà	superfluous words; nonsense; rubbish
276	费用	fèi yòng	cost; expenses; outlay
277	分别	fēn bié	to part; distinguish; differentiate

序号	词语	拼音	翻译
278	分布	fēn bù	to distribute; spread; scatter
279	纷纷	fēn fēn	one after another; in succession
280	分配	fēn pèi	distribute; allocate; assign
281	分析	fēn xī	analysis
282	奋斗	fèn dòu	struggle; to fight for; to strive for
283	愤怒	fèn nù	indignation; anger; rage
284	风格	fēng gé	style; form; manner
285	疯狂	fēng kuáng	insane; frenzied; crazy
286	风俗	fēng sú	custom
287	风险	fēng xiǎn	risk; hazard; danger
288	讽刺	fěng cì	satire; sarcasm; to mock
289	否定	fǒu dìng	to negate; to deny
290	否认	fǒu rèn	to deny; repudiate
291	扶	fú	hold up; support with the hand; to help somebody up
292	幅	fú	width of cloth; [measure word (for paintings, pictures, textiles etc.)]
293	服从	fú cóng	to obey; submit to
294	服装	fú zhuāng	dress; clothing; costume
295	辅导	fǔ dǎo	to coach; train; tutor
296	付款	fù kuǎn	pay a sum of money
297	妇女	fù nǚ	woman
298	复制	fù zhì	to duplicate; reproduce; copy
299	改革	gǎi gé	reform
300	改进	gǎi jìn	to improve; make better; mend
301	改善	gǎi shàn	to improve
302	改正	gǎi zhèng	to correct; to amend; put right
303	盖	gài	cover; lid
304	概括	gài kuò	to summarise; generalise; epitomise
305	概念	gài niàn	concept; notion; idea
306	干脆	gān cuì	clear-cut; straightforward; frank
307	感激	gǎn jī	to feel grateful; be thankful
308	赶紧	gǎn jǐn	at once; losing no time; hasten
309	赶快	gǎn kuài	at once; quickly
310	感受	gǎn shòu	be affected by; feeling; perception
311	感想	gǎn xiǎng	impression; reflection; thought
312	干	gàn	trunk; main part; do; work
313	干活儿	gàn huó er	to work [often manual] on a job

序号	词语	拼音	翻译
314	钢铁	gāng tiě	iron and steel
315	高档	gāo dàng	top; superior quality
316	高速公路	gāo sù gōng lù	expressway; motorway; freeway
317	搞	gǎo	to make/do; carry on; be engaged in
318	告别	gào bié	bid farewell to; to say good-bye to
319	胳膊	gē bo	arm
320	鸽子	gē zi	pigeon; dove
321	隔壁	gé bì	next door
322	革命	gé mìng	revolution
323	格外	gé wài	especially; exceptionally
324	个别	gè bié	individually; separately
325	个人	gè rén	oneself; personal; individual
326	个性	gè xìng	individual character; personality
327	根	gēn	root; descendants; completely; [measure word for long, slender objects]
328	根本	gēn běn	root; basic; fundamental
329	更	gèng	even more
330	更加	gèng jiā	still further; still more
331	公布	gōng bù	to announce; make public
332	工厂	gōng chǎng	factory; plant; works
333	工程师	gōng chéng shī	engineer
334	功夫	gōng fu	labour; ability; kung fu
335	公开	gōng kāi	open; overt; to make public
336	功能	gōng néng	function
337	公平	gōng píng	fair; just
338	工人	gōng rén	(manual) worker; labourer
339	工业	gōng yè	industry
340	公寓	gōng yù	flats; apartment
341	公元	gōng yuán	the Christian/Common era
342	公主	gōng zhǔ	princess
343	贡献	gòng xiàn	to dedicate; devote; contribution
344	沟通	gōu tōng	to communicate; link up; connect
345	构成	gòu chéng	to constitute; form; consist of
346	姑姑	gū gu	aunt [father's sister]
347	姑娘	gū niang	girl
348	古代	gǔ dài	ancient; archaic; antiquity
349	古典	gǔ diǎn	classical
350	古老	gǔ lǎo	ancient; antiquity; old-age

序号	词语	拼音	翻译
351	股票	gǔ piào	shares; stock; equity
352	骨头	gǔ tou	bone
353	鼓舞	gǔ wǔ	to inspire; hearten; embolden
354	固定	gù dìng	fixed; fasten
355	故事	gù shi	story; tale; plot
356	固体	gù tǐ	solid (object)
357	雇佣	gù yōng	employ; hire
358	挂号	guà hào	register; send by registered mail
359	乖	guāi	obeident; well-behaved [child]
360	拐弯	guǎi wān	to turn a corner; turn round; pursue a new course
361	怪不得	guài bu de	no wonder; so that's why
362	官	guān	government official
363	关闭	guān bì	to close; to shut
364	观察	guān chá	observe; watch; survey
365	观点	guān diǎn	point of view; standpoint
366	关怀	guān huái	show care for
367	观念	guān niàn	sense; concept; perception
368	管子	guǎn zi	tube; pipe; valve
369	冠军	guàn jūn	champion
370	罐头	guàn tou	tin; can
371	光滑	guāng huá	smooth; glossy; slick
372	光临	guāng lín	to honour with your presence
373	光明	guāng míng	light; bright; openhearted
374	光盘	guāng pán	laser disc (eg CD or DVD)
375	光荣	guāng róng	honour; glory; credit
376	广场	guǎng chǎng	(public) square
377	广大	guǎng dà	vast; wide; extensive
378	广泛	guǎng fàn	extensive; wide-ranging
379	规矩	guī ju	rule; established practice; custom
380	规律	guī lǜ	law; regular pattern
381	规模	guī mó	scale; scope; dimensions
382	规则	guī zé	rule; regulation
383	柜台	guì tái	counter; bar
384	滚	gǔn	to roll; trundle
385	锅	guō	pan; pot; wok
386	国籍	guó jí	nationality
387	国庆节	guó qìng jié	National Day

序号	词语	拼音	翻译
388	果实	guǒ shí	fruit; gains
389	过分	guò fèn	excessive; go too far
390	过敏	guò mǐn	allergy; irritability
391	过期	guò qī	exceed the time limit; be overdue; expire
392	哈	hā	ha
393	海关	hǎi guān	customs [import/export]
394	海鲜	hǎi xiān	seafood
395	喊	hǎn	shout; cry out; yell
396	行业	háng yè	trade; profession; industry
397	豪华	háo huá	luxurious; sumptuous
398	好奇	hào qí	curious
399	何必	hé bì	there is no need
400	合法	hé fǎ	legal; legitimate; rightful
401	何况	hé kuàng	much less; let alone
402	合理	hé lǐ	rational; reasonable; equitable
403	和平	hé píng	peace; mild
404	合同	hé tong	agreement; contract
405	核心	hé xīn	core; kernel; heart
406	合影	hé yǐng	group photo
407	合作	hé zuò	cooperate; collaborate; work together
408	恨	hèn	hate; regret
409	横	héng	horizontal
410	后果	hòu guǒ	consequence; aftermath
411	忽视	hū shì	ignore; look down upon; overlook
412	呼吸	hū xī	to breathe; respire
413	壶	hú	kettle; pot; flask
414	蝴蝶	hú dié	butterfly
415	胡说	hú shuō	nonsense; rubbish; drivel
416	胡同	hú tòng	alleyway; lane
417	糊涂	hú tu	muddled; confused; bewildered
418	胡须	hú xū	beard; moustache; whiskers
419	花生	huā shēng	peanut
420	滑冰	huá bīng	ice-skating
421	划船	huá chuán	row; paddle a boat; go boating
422	华裔	huá yì	foreign citizen of Chinese origin
423	话题	huà tí	subject of a talk; topic of conversation
424	化学	huà xué	chemistry

序号	词语	拼音	翻译
425	怀念	huái niàn	cherish the memory of; remember fondly
426	缓解	huǎn jiě	relieve; ease
427	幻想	huàn xiǎng	illusion; fantasy; figment of one's imagination
428	慌张	huāng zhāng	flustered; confused; trepidation
429	皇帝	huáng dì	emperor
430	黄瓜	huáng guā	cucumber
431	皇后	huáng hòu	empress
432	黄金	huáng jīn	gold
433	挥	huī	wave; wield; wipe off
434	灰	huī	grey; ash; dust
435	灰尘	huī chén	dust; dirt; ash
436	恢复	huī fù	resume; renew; to recover
437	灰心	huī xīn	to lose heart; to be discouraged; be disappointed
438	汇率	huì lǜ	exchange rate
439	婚礼	hūn lǐ	wedding
440	婚姻	hūn yīn	marriage; matrimony
441	活跃	huó yuè	brisk; dynamic; lively
442	伙伴	huǒ bàn	partner; companion; colleague
443	火柴	huǒ chái	match
444	基本	jī běn	basic; fundamental
445	激烈	jī liè	intense; sharp; fierce
446	机器	jī qì	machine; engine; apparatus
447	肌肉	jī ròu	muscle
448	及格	jí gé	pass (a test, examination etc)
449	急忙	jí máng	in a hurry; in haste
450	集体	jí tǐ	collective; community; group
451	集中	jí zhōng	to concentrate; focus; pay attention
452	系领带	jì lǐng dài	tie a (neck)tie
453	纪录	jì lù	to record
454	记录	jì lù	take notes; keep the minutes
455	纪律	jì lǜ	discipline
456	寂寞	jì mò	lonely; lonesome
457	纪念	jì niàn	commemorate
458	计算	jì suàn	count; compute; calculate
459	记忆	jì yì	recall; memory; storage

序号	词语	拼音	翻译
460	嘉宾	jiā bīn	honoured guest
461	家庭	jiā tíng	family; household
462	家务	jiā wù	house work
463	家乡	jiā xiāng	home town;native place
464	夹子	jiā zi	folder; tongs; clamp; clip
465	甲	jiǎ	shell; nail; first; the first of the ten Heavenly Stems
466	假如	jiǎ rú	if; supposing; in case
467	假装	jiǎ zhuāng	to pretend; feign
468	嫁	jià	marry; shift; transfer
469	驾驶	jià shǐ	drive; pilot; steer
470	价值	jià zhí	value; cost; worth
471	煎	jiān	pan fry; fry in shallow oil
472	肩膀	jiān bǎng	shoulder
473	艰巨	jiān jù	arduous; formidable; onerous
474	坚决	jiān jué	firm; resolute; determined
475	艰苦	jiān kǔ	arduous; difficult; tough
476	坚强	jiān qiáng	strong; firm; staunch
477	尖锐	jiān ruì	acute; penetrating; incisive
478	捡	jiǎn	to pick up; collect; to gather
479	剪刀	jiǎn dāo	scissors; shears
480	简历	jiǎn lì	Curriculum Vitae (CV); résumé
481	简直	jiǎn zhí	simply
482	建立	jiàn lì	build; set up; establish
483	键盘	jiàn pán	keyboard
484	建设	jiàn shè	to build; to construct; develop
485	健身房	jiàn shēn fáng	gym; fitness centre
486	建议	jiàn yì	to propose; suggest; recommend
487	建筑	jiàn zhù	build; construct; erect
488	讲究	jiǎng jiu	be particular about; to pay attention to
489	讲座	jiǎng zuò	series of lectures
490	降落	jiàng luò	to land [plane]; to descend
491	酱油	jiàng yóu	soy sauce
492	浇	jiāo	sprinkle water on; irrigate; to water
493	交换	jiāo huàn	swap; to exchange
494	交际	jiāo jì	communication; social intercourse
495	郊区	jiāo qū	suburbs; outskirts
496	胶水	jiāo shuǐ	glue

序号	词语	拼音	翻译
497	角度	jiǎo dù	angle; point of view
498	狡猾	jiǎo huá	sly; crafty; cunning
499	教材	jiào cái	teaching material
500	教练	jiào liàn	train; drill; (sports) coach
501	教训	jiào xun	lesson; moral
502	接触	jiē chù	come into contact with; to get in touch with; engage
503	接待	jiē dài	to receive (visitor); admit
504	阶段	jiē duàn	section; stage; phase
505	接近	jiē jìn	be close to; to approach
506	结实	jiē shi	solid; sturdy; durable
507	接着	jiē zhe	to catch; to carry on
508	节	jié	festival; [measure word for something segmented (e.g. lesson; paragraph, railway coach, etc.)]
509	结构	jié gòu	structure; composition; construction
510	结合	jié hé	to combine; unite; integrate
511	结论	jié lùn	conclusion; verdict; epilogue
512	节省	jié shěng	to economise; save; use sparingly
513	结账	jié zhàng	to pay the bill
514	解放	jiě fàng	to liberate; emancipate
515	解说员	jiě shuō yuán	narrator
516	届	jiè	fall due; [measure word for meetings, events, etc.]
517	借口	jiè kǒu	use as an excuse; on the pretext of
518	戒烟	jiè yān	to give up smoking
519	戒指	jiè zhi	ring [jewellry]
520	金属	jīn shǔ	metal
521	紧	jǐn	taut; tight
522	紧急	jǐn jí	urgent; pressing
523	谨慎	jǐn shèn	prudent; careful; cautious
524	进步	jìn bù	progress
525	近代	jìn dài	modern times
526	进口	jìn kǒu	import; entrance; sail into a port
527	尽力	jìn lì	to do all one can; try one's best
528	尽量	jìn liàng	to the best of one's ability; as far as possible
529	经典	jīng diǎn	classics

序号	词语	拼音	翻译
530	精力	jīng lì	energy; vigour; vim
531	经营	jīng yíng	manage; to operate; to run
532	景色	jǐng sè	scenery; view; landscape
533	敬爱	jìng ài	respect and love; esteem
534	酒吧	jiǔ bā	bar
535	救	jiù	to rescue; save
536	救护车	jiù hù chē	ambulance
537	舅舅	jiù jiu	uncle [mother's brother]
538	居然	jū rán	unexpectedly; to one's surprise
539	桔子	jú zi	tangerine
540	举	jǔ	raise up; hold up
541	具备	jù bèi	possess; have; be provided with
542	巨大	jù dà	huge; enormous; gigantic
543	聚会	jù huì	get together; meet; gathering
544	俱乐部	jù lè bù	club
545	据说	jù shuō	it is said; they say; allegedly
546	具体	jù tǐ	concrete; specific; particular
547	捐	juān	relinquish; contribute; donate
548	卷	juǎn	roll; examination paper
549	绝对	jué duì	absolutely; perfectly
550	决赛	jué sài	finals [of a competition]
551	角色	jué sè	role; part
552	决心	jué xīn	determination; resolution
553	军事	jūn shì	military affairs
554	均匀	jūn yún	even; well-distributed; equality
555	卡车	kǎ chē	lorry; truck
556	开发	kāi fā	develop; open up; exploit
557	开放	kāi fàng	lift a restriction; open up (to the outside world/ public etc.)
558	开幕式	kāi mù shì	inauguration; opening ceremony
559	开心	kāi xīn	pleased; happy
560	砍	kǎn	cut; chop; hack
561	看不起	kàn bu qǐ	look down upon; scorn; disdain
562	抗议	kàng yì	to protest; object; remonstrate
563	烤鸭	kǎo yā	roast duck
564	颗	kē	grain; [measure word for anything small and roundish]
565	可见	kě jiàn	it is thus clear that; visible; visual

序号	词语	拼音	翻译
566	可靠	kě kào	reliable; dependable; trustworthy
567	可怕	kě pà	frightening; dreadful
568	克	kè	gram
569	课程	kè chéng	curriculum; course
570	克服	kè fú	overcome; conquer; endure
571	客观	kè guān	objective
572	刻苦	kè kǔ	assiduous; hardworking; painstaking
573	客厅	kè tīng	living room
574	空间	kōng jiān	space; enclosure
575	恐怖	kǒng bù	terrifying; horrible; dreadful
576	空闲	kòng xián	free time; spare time
577	控制	kòng zhì	control; regulate
578	口味	kǒu wèi	flavour/taste
579	夸	kuā	exaggerate; boast
580	会计	kuài jì	accountancy
581	矿泉水	kuàng quán shuǐ	mineral water
582	辣椒	là jiāo	chilli
583	蜡烛	là zhú	candle
584	来自	lái zì	come from
585	拦	lán	bar; block; hinder
586	烂	làn	mashed; mushy; sodden
587	狼	láng	wolf
588	劳动	láo dòng	labour; bother
589	劳驾	láo jià	excuse me
590	老百姓	lǎo bǎi xìng	common people; civilians
591	老板	lǎo bǎn	boss; proprietor; shopkeeper
592	姥姥	lǎo lao	grandmother [mother's mother]
593	老实	lǎo shi	honest; frank
594	老鼠	lǎo shǔ	mouse; rat
595	乐观	lè guān	optimistic
596	雷	léi	thunder
597	累	lèi	tired
598	类	lèi	category; kind; type
599	梨	lí	pear
600	离婚	lí hūn	divorce
601	厘米	lí mǐ	centimetre
602	礼拜天	lǐ bài tiān	Sunday

序号	词语	拼音	翻译
603	理论	lǐ lùn	theory
604	理由	lǐ yóu	reason; justification
605	粒	lì	granule; pellet; small particle
606	立方	lì fāng	cube; cubic
607	立即	lì jí	immediately; at once; promptly
608	立刻	lì kè	immediately; at once; right away
609	力量	lì liang	physical strength; power
610	利润	lì rùn	profit
611	利息	lì xī	interest rate
612	利益	lì yì	gain; benefit; profit
613	利用	lì yòng	make use of; take advantage of
614	联合	lián hé	alliance; union
615	连忙	lián máng	promptly; immediately; instantly
616	连续剧	lián xù jù	soap opera
617	恋爱	liàn ài	love
618	良好	liáng hǎo	good; fine
619	粮食	liáng shi	grain; cereals
620	了不起	liǎo bu qǐ	amazing; terrific; extraordinary
621	临时	lín shí	temporary; provisional
622	铃	líng	bell; [bell-shaped things]
623	灵活	líng huó	nimble; agile; flexible
624	零件	líng jiàn	part; element; component
625	零钱	líng qián	(small) change [money]
626	零食	líng shí	snacks; nibbles between meals
627	领导	lǐng dǎo	lead; leader
628	领域	lǐng yù	territory; domain; field
629	流传	liú chuán	spread; circulate; hand down
630	浏览	liú lǎn	glance over; skim through; browse
631	龙	lóng	dragon
632	漏	lòu	to leak; divulge; disclose
633	露	lù	to reveal; dew
634	陆地	lù dì	dry land; terrace
635	录取	lù qǔ	enroll; recruit; admit to
636	陆续	lù xù	one after another; in succession
637	录音	lù yīn	sound recording; film recording
638	轮流	lún liú	take turns; rotation
639	论文	lùn wén	thesis; dissertation; treatise
640	逻辑	luó ji	logic

序号	词语	拼音	翻译
641	落后	luò hòu	fall behind; lag behind; backward
642	骂	mà	scold; abuse; call names
643	麦克风	mài kè fēng	microphone
644	馒头	mán tou	[steamed bread]
645	满足	mǎn zú	satisfied; content
646	毛	máo	hair; fur; crude
647	毛病	máo bìng	illness; disease; fault
648	矛盾	máo dùn	contradictory
649	冒险	mào xiǎn	take a risk; adventure
650	贸易	mào yì	trade
651	眉毛	méi mao	eyebrow
652	煤炭	méi tàn	coal
653	美术	měi shù	art
654	魅力	mèi lì	enchantment
655	迷路	mí lù	lose the way; get lost
656	谜语	mí yǔ	riddle; conundrum
657	蜜蜂	mì fēng	(honey) bee
658	秘密	mì mì	secret; clandestine; confidential
659	密切	mì qiè	close; intimate; carefully
660	秘书	mì shū	secretary
661	棉花	mián hua	cotton
662	面对	miàn duì	face; confront
663	面积	miàn jī	area
664	面临	miàn lín	be faced with; be up against
665	苗条	miáo tiáo	slender; slim
666	描写	miáo xiě	describe; depict; portray
667	秒	miǎo	second
668	民主	mín zhǔ	democracy
669	名牌	míng pái	famous brand
670	名片	míng piàn	business card; visiting card
671	明确	míng què	clear and definite; clear-cut; unequivocal
672	名胜古迹	míng shèng gǔ jì	places of historic interest and scenic beauty
673	明显	míng xiǎn	clear; obvious; evident
674	明信片	míng xìn piàn	postcard
675	明星	míng xīng	celebrity; star
676	命令	mìng lìng	order; command; directive
677	命运	mìng yùn	destiny; lot; fortune

序号	词语	拼音	翻译
678	摸	mō	feel [with the hand]
679	模仿	mó fǎng	to imitate; to copy; model oneself on
680	模糊	mó hu	vague; indistinct; obscure
681	摩托车	mó tuō chē	motorcycle
682	陌生	mò shēng	strange; unfamiliar; inexperienced
683	某	mǒu	certain; some
684	目标	mù biāo	aim; objective; goal
685	目录	mù lù	catalogue; table of contents
686	目前	mù qián	at present
687	木头	mù tou	wood; log; timber
688	哪怕	nǎ pà	even if; even though
689	难怪	nán guài	no wonder
690	难看	nán kàn	ugly; unsightly
691	脑袋	nǎo dài	head; brains
692	内科	nèi kē	internal medicine
693	嫩	nèn	tender; delicate; underdone
694	能干	néng gàn	able; capable; competent
695	能源	néng yuán	energy
696	年代	nián dài	years; a decade of a century
697	年纪	nián jì	age
698	念	niàn	to read aloud; attend school; think of
699	宁可	nìng kě	would rather; better
700	牛仔裤	niú zǎi kù	jeans
701	浓	nóng	dense; thick; concentrated
702	农民	nóng mín	farmer; peasant
703	农业	nóng yè	agriculture; farming
704	女士	nǚ shì	lady; Madam; Miss
705	偶然	ǒu rán	accidentally; fortuitous; incidental
706	拍	pāi	to clap; slap; bat; racket; to take (a photo)
707	排队	pái duì	queue up; line up
708	排球	pái qiú	volleyball
709	派	pài	faction; clique; to dispatch
710	盼望	pàn wàng	hope for; long for; yearn for
711	赔偿	péi cháng	compensate for; pay for
712	培养	péi yǎng	train; foster
713	佩服	pèi fú	to admire; have a high opinion of
714	配合	pèi hé	suitable; fit; matching

序号	词语	拼音	翻译
715	盆	pén	basin; tub; pot
716	碰见	pèng jiàn	to run/bump into
717	批	pī	to criticize; refute; batch
718	披	pī	to drape over one's shoulders; to wrap around; unroll
719	批准	pī zhǔn	ratify; approve; authorise
720	疲劳	pí láo	tired; fatigued; weary
721	皮鞋	pí xié	leather shoes
722	匹	pǐ	[measure word for horses and cloth]
723	片	piàn	[flat, thin piece of]; slice; flake
724	片面	piàn miàn	unilateral; one-sided
725	飘	piāo	wave to and fro; float; flutter
726	频道	pín dào	(frequency) channel
727	品种	pǐn zhǒng	breed; strain; variety
728	平	píng	flat; level; even; equal
729	凭	píng	lean on; depend on; evidence
730	平常	píng cháng	ordinarily; generally; usually
731	平等	píng děng	equal; equality
732	平方	píng fāng	square
733	平衡	píng héng	balance; equilibrium
734	评价	píng jià	appraise; evaluate; assess
735	平静	píng jìng	calm; quiet; tranquil
736	平均	píng jūn	average; mean; equally
737	破产	pò chǎn	to go bankrupt; go broke; become insolvent
738	破坏	pò huài	destroy; wreck; ruin
739	迫切	pò qiè	urgent; pressing
740	朴素	pǔ sù	simple; plain
741	期待	qī dài	anticipate; await; expect
742	期间	qī jiān	time; period; duration
743	奇迹	qí jì	miracle; wonder; marvel
744	其余	qí yú	the others; rest; remainder
745	启发	qǐ fā	inspire; illuminate; enlighten
746	起来	qǐ lái	stand up; sit up; rise to one's feet
747	企图	qǐ tú	attempt; seek; try
748	企业	qǐ yè	enterprise; establishment; business
749	气氛	qì fēn	atmosphere; air
750	汽油	qì yóu	gasoline; petrol

序号	词语	拼音	翻译
751	牵	qiān	to lead along; to pull; implicate
752	谦虚	qiān xū	modest; self-effacing
753	签字	qiān zì	sign; affix one's signature
754	前途	qián tú	future; prospect; promise
755	浅	qiǎn	light [colour]; shallow
756	欠	qiàn	yawn; owe; be behind with
757	枪	qiāng	spear; rifle; gun
758	强调	qiáng diào	stress; emphasize; underline
759	强烈	qiáng liè	strong; intense; violent
760	抢	qiǎng	knock; grab; rob
761	悄悄	qiāo qiāo	quietly; whisper; on the quiet
762	瞧	qiáo	look; see
763	巧妙	qiǎo miào	ingenious; clever
764	切	qiē	cut; slice
765	亲爱	qīn ài	dear; beloved
766	侵略	qīn lüè	invade; aggress
767	亲切	qīn qiè	kind; amiable; cordial
768	亲自	qīn zì	in person; oneself
769	勤奋	qín fèn	diligent; assiduous; industrious
770	勤劳	qín láo	diligent; industrious; hardworking
771	青	qīng	blue or green [colour of water or grass]
772	青春	qīng chūn	youth
773	清淡	qīng dàn	light; mild; delicate
774	青少年	qīng shào nián	youngsters
775	轻视	qīng shì	despise; look down on
776	情景	qíng jǐng	scene; sight; circumstances
777	情绪	qíng xù	mood; sentiments; feeling
778	请求	qǐng qiú	request; demand; beg
779	庆祝	qìng zhù	celebration(s); to celebrate
780	球迷	qiú mí	fan (of a ball sport)
781	趋势	qū shì	trend; tendency
782	娶	qǔ	marry [a woman]
783	取消	qǔ xiāo	cancel; call off; abolish
784	去世	qù shì	die; pass away
785	圈	quān	circle; ring
786	权力	quán lì	power; authority
787	权利	quán lì	(legal) right; interest
788	全面	quán miàn	all-round; entire; comprehensive;

序号	词语	拼音	翻译
789	劝	quàn	advise; urge; try to persuade
790	缺乏	quē fá	be short of; lack; deficiency
791	确定	què dìng	define; fix; determine
792	确认	què rèn	affirm; confirm; acknowledge
793	燃烧	rán shāo	burn; kindle; set on fire
794	嚷	rǎng	to shout; blurt out; make a noise
795	绕	rào	wind; coil; move round
796	热爱	rè ài	have deep love for; love heartily
797	热烈	rè liè	warm; heartily; fervent
798	热心	rè xīn	enthusiastic; ardent; earnest
799	人才	rén cái	a talented person; talent
800	人口	rén kǒu	population
801	人类	rén lèi	humanity
802	人生	rén shēng	[human] life
803	人事	rén shì	human affairs matters; ways of the world
804	人物	rén wù	character; figure; personage
805	人员	rén yuán	personnel; staff
806	忍不住	rěn bu zhù	unbearable; unable to restrain
807	日常	rì cháng	day-to-day; everyday; usual
808	日程	rì chéng	programme; schedule; agenda for the day
809	日历	rì lì	calendar
810	日期	rì qī	date
811	日用品	rì yòng pǐn	articles for everyday use
812	融化	róng huà	melt; thaw
813	荣幸	róng xìng	honoured
814	荣誉	róng yù	honour; glory
815	如何	rú hé	how
816	如今	rú jīn	nowadays; these days
817	软件	ruǎn jiàn	software
818	弱	ruò	weak; feeble
819	洒	sǎ	sprinkle; spray; spill
820	嗓子	sǎng zi	throat; larynx
821	杀	shā	kill; slaughter; in the extreme
822	沙漠	shā mò	desert
823	沙滩	shā tān	beach
824	傻	shǎ	stupid; muddleheaded; silly

序号	词语	拼音	翻译
825	晒	shài	shine upon; dry in the sun; bask
826	删除	shān chú	to delete; strike out; cut out
827	闪电	shǎn diàn	lightning
828	善良	shàn liáng	good and honest; kindhearted
829	善于	shàn yú	be good at; be adept in
830	商品	shāng pǐn	goods; merchandise; wares
831	商业	shāng yè	commerce; trade; business
832	上	shàng	up; above
833	上当	shàng dàng	be taken in; be fooled; be duped
834	勺子	sháo zi	spoon; ladle; scoop
835	蛇	shé	snake; serpent
836	舌头	shé tou	tongue
837	舍不得	shě bu de	hate to part with; be loath to leave
838	设备	shè bèi	equipment; device
839	射击	shè jī	shoot; fire
840	设计	shè jì	design
841	设施	shè shī	facilities
842	摄影	shè yǐng	take a photograph; shoot a film
843	伸	shēn	stretch; extend
844	身材	shēn cái	stature; figure
845	身份	shēn fèn	identity
846	深刻	shēn kè	deep; profound
847	神话	shén huà	myth; fairy tale
848	神经	shén jīng	nerve; nervous
849	神秘	shén mì	mysterious; mystical
850	升	shēng	litre; to promote; to rise
851	生产	shēng chǎn	produce; manufacture; give birth to
852	声调	shēng diào	tone; pitch of voice
853	生动	shēng dòng	lively; vivid
854	绳子	shéng zi	cord; rope; string
855	省略	shěng lüè	leave out; omit; abbreviation
856	胜利	shèng lì	win; victory; triumph
857	诗	shī	poetry; verse
858	失眠	shī mián	lose sleep; wakefulness; insomnia
859	失去	shī qù	lose
860	失业	shī yè	lose one's job; be out of work; be unemployed
861	时代	shí dài	times; age; era

序号	词语	拼音	翻译
862	实话	shí huà	truth
863	实践	shí jiàn	put into practice; carry out
864	时刻	shí kè	time; hour; moment
865	时髦	shí máo	fashionable; stylish; in vogue
866	时期	shí qī	period
867	时尚	shí shàng	vogue; trend; fashion
868	石头	shí tou	rock; stone
869	食物	shí wù	food
870	实习	shí xí	practice; fieldwork; internship
871	实现	shí xiàn	realise; achieve; bring about
872	实行	shí xíng	put into practice; carry out; implement
873	实验	shí yàn	experiment; test; trial run
874	实用	shí yòng	practical; pragmatic; functional
875	使劲儿	shǐ jìn er	exert all one's strength
876	始终	shǐ zhōng	from beginning to end; from start to finish; throughout
877	士兵	shì bīng	private; rank-and-file soldier
878	似的	shì de	as; -like
879	是否	shì fǒu	whether or not
880	试卷	shì juàn	examination paper; test paper
881	事情	shì qing	matter; affair; thing
882	事实	shì shí	fact
883	事物	shì wù	thing; object
884	事先	shì xiān	in advance; beforehand
885	收获	shōu huò	gather in the crops; harvest; reap
886	收据	shōu jù	receipt; acquittance
887	手工	shǒu gōng	by hand; manual; handmade
888	手术	shǒu shù	surgical operation; operation
889	手套	shǒu tào	gloves
890	手续	shǒu xù	procedures; routine; process
891	手指	shǒu zhǐ	finger
892	受到	shòu dào	receive
893	寿命	shòu mìng	life span; lifetime
894	受伤	shòu shāng	be injured; be wounded
895	蔬菜	shū cài	vegetables
896	书架	shū jià	bookcase
897	输入	shū rù	to import; input; entry
898	舒适	shū shì	comfortable; cosy; snug

序号	词语	拼音	翻译
899	梳子	shū zi	comb
900	熟练	shú liàn	skilled; practised; proficient
901	鼠标	shǔ biāo	mouse [in computing]
902	属于	shǔ yú	belong to; be part of; pertain to
903	数据	shù jù	data
904	数码	shù mǎ	numerical code; digit; figure
905	摔	shuāi	to throw down; tumble; lose one's balance
906	甩	shuǎi	to move backward and forward; to swing
907	双方	shuāng fāng	both sides; mutual
908	税	shuì	tax; duty
909	说不定	shuō bu dìng	perhaps; maybe
910	说服	shuō fú	to convince; persuade
911	撕	sī	tear; rip
912	丝绸	sī chóu	silk
913	丝毫	sī háo	the slightest amount
914	思考	sī kǎo	ponder; reflect on; deliberate
915	私人	sī rén	private; personal
916	思想	sī xiǎng	thought; idea
917	似乎	sì hū	it seems; as if; it looks like
918	寺庙	sì miào	temple
919	宿舍	sù shè	dormitory; digs
920	随时	suí shí	at any time
921	碎	suì	to break to pieces; smash; fragmentary
922	孙子	sūn zi	grandson [father's family]
923	损失	sǔn shī	lose; loss; wastage
924	缩短	suō duǎn	shorten; curtail; cut down
925	缩小	suō xiǎo	reduce; lessen; shrink
926	锁	suǒ	lock
927	所	suǒ	[2nd syllable of many places]; [measure word for houses, buildings, institutions]
928	所谓	suǒ wèi	what is called
929	塔	tǎ	pagoda; tower; minaret
930	台阶	tái jiē	step; altar; bench
931	太极拳	tài jí quán	taijiquan.[a kind of traditional Chinese shadow boxing]
932	太太	tài tai	Mrs; Madam
933	谈判	tán pàn	negotiations; talks

序号	词语	拼音	翻译
934	坦率	tǎn shuài	candid; frank; outspoken
935	烫	tàng	burn; scald; heat up in hot water
936	趟	tàng	[measure word for trips, times and rows]
937	逃	táo	run away; flee; escape
938	桃	táo	peach
939	逃避	táo bì	escape; evade; shirk
940	套	tào	cover; case; set
941	特殊	tè shū	special; particular; exceptional
942	特意	tè yì	for a special purpose
943	特征	tè zhēng	characteristic; feature; property
944	疼爱	téng ài	be very fond of; love dearly
945	提	tí	to carry
946	提倡	tí chàng	advocate; promote; recommend
947	提纲	tí gāng	outline; syllabus; synopsis
948	题目	tí mù	topic; subject; title
949	提问	tí wèn	ask a question; put questions to; quiz
950	体会	tǐ huì	know from experience
951	体积	tǐ jī	volume; bulk
952	体贴	tǐ tiē	show consideration for
953	体现	tǐ xiàn	embody; reflect; give expression to
954	体验	tǐ yàn	experience; learn through practice
955	天空	tiān kōng	sky; the heavens
956	天真	tiān zhēn	innocent; naive
957	田野	tián yě	fields; open country
958	调皮	tiáo pí	naughty; mischievous
959	调整	tiáo zhěng	to adjust; tune-up; trim
960	挑战	tiǎo zhàn	throw down the gauntlet; challenge
961	通常	tōng cháng	general; usual; normal
962	通讯	tōng xùn	news report
963	铜	tóng	copper
964	同时	tóng shí	at the same time; simultaneously; concurrently
965	统一	tǒng yī	unify; unite; integrate
966	统治	tǒng zhì	rule; dominate; govern
967	痛苦	tòng kǔ	pain; agony; sore
968	痛快	tòng kuài	very happy; delighted; joyful
969	投资	tóu zī	invest
970	透明	tòu míng	transparent

序号	词语	拼音	翻译
971	突出	tū chū	protruding; sticking out; outstanding
972	土地	tǔ dì	territory; local god of the land
973	土豆	tǔ dòu	potato
974	吐	tù	vomit; throw up; cough up
975	兔子	tù zi	rabbit; hare
976	团	tuán	dumpling; [something shaped like a ball]; [measure word for ball-like things]
977	推辞	tuī cí	decline
978	推广	tuī guǎng	popularise; spread; generalisation
979	推荐	tuī jiàn	recommend
980	退	tuì	to retreat; draw back
981	退步	tuì bù	fall behind; to do less well than before
982	退休	tuì xiū	retire
983	歪	wāi	askew; oblique; slanting
984	外交	wài jiāo	diplomacy; foreign affairs
985	弯	wān	curved; bent; crooked
986	玩具	wán jù	toy
987	完美	wán měi	perfect; flawless
988	完善	wán shàn	perfect; to improve and perfect
989	完整	wán zhěng	complete; integrated; whole
990	万一	wàn yī	just in case; if by any chance
991	王子	wáng zǐ	prince; king's son
992	往返	wǎng fǎn	go there and back; come and go
993	危害	wēi hài	harm; detriment; damage
994	微笑	wēi xiào	smile
995	威胁	wēi xié	threaten; menace
996	违反	wéi fǎn	to violate; transgress; infringe
997	维护	wéi hù	maintain
998	围巾	wéi jīn	scarf; muffler; neckerchief
999	围绕	wéi rào	center on; revolve round
1000	唯一	wéi yī	only; sole; unique
1001	尾巴	wěi ba	tail; appendage
1002	伟大	wěi dà	great; mighty
1003	委屈	wěi qū	feel wronged; nurse a grievance
1004	委托	wěi tuō	entrust; authorize; bail
1005	畏	wèi	fear; respect
1006	胃	wèi	stomach
1007	未必	wèi bì	may not; not necessarily

序号	词语	拼音	翻译
1008	未来	wèi lái	coming; approaching; future
1009	卫生间	wèi shēng jiān	toilet
1010	位置	wèi zhi	position
1011	温暖	wēn nuǎn	warm
1012	温柔	wēn róu	meek; pleasingly affectionate; gentle and soft
1013	闻	wén	hear; smell
1014	文件	wén jiàn	file; document
1015	文具	wén jù	stationery; writing materials
1016	文明	wén míng	civilisation; culture; civilised
1017	文学	wén xué	literature
1018	吻	wěn	kiss
1019	稳定	wěn dìng	stabilise; steady
1020	问候	wèn hòu	send one's greetings to
1021	卧室	wò shì	bedroom
1022	屋子	wū zi	room
1023	无奈	wú nài	cannot help but; have no alternative; have no choice
1024	无数	wú shù	innumerable; countless; myriad
1025	武器	wǔ qì	weapon; arms
1026	武术	wǔ shù	martial arts
1027	雾	wù	fog
1028	物理	wù lǐ	physics
1029	物质	wù zhì	matter; substance; material
1030	吸收	xī shōu	absorb; soak up; assimilate
1031	系	xì	tie; fasten; system; department
1032	细节	xì jié	details; particulars; minutiae
1033	戏剧	xì jù	play; theatre; script
1034	系统	xì tǒng	system
1035	瞎	xiā	blind; aimlessly; groundlessly
1036	吓	xià	threaten; intimidate; to scare
1037	下载	xià zǎi	download
1038	鲜艳	xiān yàn	brightly coloured
1039	显得	xiǎn de	look; seem; appear
1040	显然	xiǎn rán	obvious; evident; clear
1041	显示	xiǎn shì	display; demonstrate; exhibit
1042	县	xiàn	county
1043	现金	xiàn jīn	cash

序号	词语	拼音	翻译
1044	现实	xiàn shí	reality; actual
1045	现象	xiàn xiàng	appearance; phenomenon
1046	相处	xiāng chǔ	get along with; get on
1047	相当	xiāng dāng	match; correspond to; be equivalent to
1048	相对	xiāng duì	opposite; face to face; relatively
1049	相关	xiāng guān	be related to; be bound up with; correlation
1050	相连	xiāng lián	be linked together; be joined
1051	相似	xiāng sì	resemble; be similar; be alike
1052	想念	xiǎng niàn	long to see again; miss
1053	享受	xiǎng shòu	enjoy
1054	想象	xiǎng xiàng	imagine; think; visualize
1055	像	xiàng	likeness; resemble; look as if
1056	项链	xiàng liàn	necklace
1057	项目	xiàng mù	project; item; clause
1058	橡皮	xiàng pí	rubber; eraser
1059	象棋	xiàng qí	Chinese chess
1060	象征	xiàng zhēng	emblem; symbol; signify
1061	消费	xiāo fèi	consume
1062	消化	xiāo huà	digest
1063	消灭	xiāo miè	perish; die out; annihilate
1064	消失	xiāo shī	disappear; vanish; dissolve
1065	销售	xiāo shòu	sell; sales
1066	小吃	xiǎo chī	snack
1067	小伙子	xiǎo huǒ zi	youngster; lad
1068	小麦	xiǎo mài	wheat
1069	小偷	xiǎo tōu	thief
1070	效率	xiào lǜ	efficiency; productivity
1071	歇	xiē	have a rest
1072	斜	xié	oblique; slanting; bevel
1073	协调	xié tiáo	coordinate; integrate; harmonize
1074	心理	xīn lǐ	psychology; mentality; mind
1075	欣赏	xīn shǎng	appreciate; enjoy; admire
1076	心脏	xīn zàng	heart
1077	信封	xìn fēng	envelope
1078	信号	xìn hào	signal
1079	信息	xìn xī	news; information
1080	形成	xíng chéng	form; shape

序号	词语	拼音	翻译
1081	行动	xíng dòng	operation; move about; mobile
1082	行人	xíng rén	pedestrian
1083	形容	xíng róng	appearance; countenance
1084	形势	xíng shì	terrain; topographical features; circumstances
1085	形式	xíng shì	form; shape; layout
1086	行为	xíng wéi	action; behaviour; conduct
1087	形象	xíng xiàng	image; figure; vivid
1088	形状	xíng zhuàng	form; appearance; fashion
1089	幸亏	xìng kuī	fortunately; luckily
1090	幸运	xìng yùn	good fortune; good luck
1091	性质	xìng zhì	properties; quality; nature
1092	胸	xiōng	chest; bosom; thorax
1093	兄弟	xiōng dì	brothers
1094	雄伟	xióng wěi	grand; imposing; majestic
1095	修改	xiū gǎi	revise; amend; modify
1096	休闲	xiū xián	enjoy free time; lie fallow
1097	虚心	xū xīn	modest; with an open mind
1098	叙述	xù shù	narrate; recount; relate
1099	宣布	xuān bù	declare; proclaim; announce
1100	宣传	xuān chuán	propagate; disseminate; give publicity to
1101	选举	xuǎn jǔ	elect; vote
1102	学期	xué qī	school term; semester
1103	学术	xué shù	learning; science
1104	学问	xué wèn	learning; knowledge; scholarship
1105	询问	xún wèn	ask about; enquire
1106	寻找	xún zhǎo	seek; look for; search
1107	训练	xùn liàn	train; drill
1108	迅速	xùn sù	rapid; swift; prompt
1109	延长	yán cháng	lengthen; extend; prolong
1110	严肃	yán sù	serious; solemn; earnest
1111	宴会	yàn huì	banquet; feast; dinner party
1112	阳台	yáng tái	balcony; terrace; gallery
1113	痒	yǎng	itch; tickle
1114	样式	yàng shì	pattern; type; form
1115	腰	yāo	waist; small of the back
1116	摇	yáo	shake; wave; rock; turn
1117	咬	yǎo	bite; snap at

序号	词语	拼音	翻译
1118	要不	yào bù	otherwise; or else; or
1119	要是	yào shi	if; suppose; in case
1120	夜	yè	night; night-time; evening
1121	液体	yè tǐ	liquid
1122	业务	yè wù	business; professional work
1123	业余	yè yú	spare time; amateur
1124	依然	yī rán	still; as before
1125	一辈子	yí bèi zi	all one's life
1126	一旦	yí dàn	in a single day; in a very short time; in case [something happens]
1127	移动	yí dòng	shift; move; removal
1128	遗憾	yí hàn	regret; pity
1129	一路平安	yí lù píng ān	safe journey; God-speed; have a pleasant journeyhave a safe trip
1130	移民	yí mín	migrate; migrant
1131	疑问	yí wèn	query; problem; doubt
1132	一致	yí zhì	identical; unanimous
1133	乙	yǐ	second(ly); the second of the ten Heavenly Stems
1134	以及	yǐ jí	as well as; along with; and
1135	以来	yǐ lái	since
1136	议论	yì lùn	comment; discuss
1137	意外	yì wài	unexpected; unforeseen
1138	义务	yì wù	duty; obligation
1139	意义	yì yì	meaning; sense; significance
1140	因而	yīn ér	thus; as a result; with the result that
1141	因素	yīn sù	factor; element
1142	银	yín	silver
1143	英俊	yīng jùn	handsome; talented; brilliant
1144	英雄	yīng xióng	hero
1145	迎接	yíng jiē	welcome; greet; reception
1146	营养	yíng yǎng	nutrition; nourishment
1147	营业	yíng yè	do business
1148	影子	yǐng zi	shadow; reflection; trace
1149	硬币	yìng bì	coin; hard currency
1150	应付	yìng fu	deal with; cope with; handle
1151	硬件	yìng jiàn	hardware
1152	应聘	yìng pìn	accept an offer of employment

序号	词语	拼音	翻译
1153	应用	yìng yòng	use; app; application
1154	拥抱	yōng bào	embrace; hug
1155	拥挤	yōng jǐ	crowd; push and squeeze
1156	勇气	yǒng qì	courage; nerve
1157	用途	yòng tú	use
1158	优惠	yōu huì	discount
1159	悠久	yōu jiǔ	long-standing; age-old
1160	优美	yōu měi	graceful; fine; exquisite
1161	优势	yōu shì	superiority
1162	邮局	yóu jú	post office
1163	游览	yóu lǎn	go sightseeing; tour; visit
1164	犹豫	yóu yù	hesitate; be irresolute
1165	油炸	yóu zhá	deep-fry
1166	有利	yǒu lì	advantageous; beneficial; favourable
1167	幼儿园	yòu ér yuán	kindergarten; nursery school
1168	娱乐	yú lè	amusement; entertainment; recreation
1169	与	yǔ	together with
1170	与其	yǔ qí	rather than; better than
1171	语气	yǔ qì	tone; manner of speaking; mood
1172	宇宙	yǔ zhòu	universe; cosmos
1173	预报	yù bào	forecast; prediction
1174	预订	yù dìng	subscribe; book; place an order
1175	预防	yù fáng	prevent; take precautions against; guard against
1176	玉米	yù mǐ	maize; corn
1177	元旦	yuán dàn	New Year's Day
1178	缘故	yuán gù	cause; reason
1179	原料	yuán liào	raw material; crude material
1180	原则	yuán zé	principle
1181	愿望	yuàn wàng	desire; wish; aspiration
1182	晕	yūn	dizzy; giddy; faint
1183	运气	yùn qi	fortune; luck
1184	运输	yùn shū	transport; carriage; conveyance
1185	运用	yùn yòng	utilise; apply; put to use
1186	灾害	zāi hài	damage; disaster; calamity
1187	再三	zài sān	again and again; repeatedly
1188	赞成	zàn chéng	approve of; agree with; endorse
1189	赞美	zàn měi	praise; eulogize

序号	词语	拼音	翻译
1190	脏	zāng	dirty
1191	糟糕	zāo gāo	how terrible; what bad luck; too bad
1192	造成	zào chéng	give rise to; bring about; cause
1193	则	zé	standard; norm; criterion
1194	责备	zé bèi	reproach; blame; reprove
1195	摘	zhāi	pick; pluck; strip
1196	粘贴	zhān tiē	paste; stick
1197	展开	zhǎn kāi	develop; spread; unfold
1198	展览	zhǎn lǎn	put on display; exhibit; show
1199	占线	zhàn xiàn	busy line; engaged (line)
1200	战争	zhàn zhēng	war; warfare
1201	涨	zhǎng	swell up; rise; be more than expected
1202	掌握	zhǎng wò	grasp; master; know well
1203	账户	zhàng hù	(bank) account
1204	招待	zhāo dài	receive; entertain; serve
1205	着凉	zháo liáng	catch cold; catch a chill
1206	照常	zhào cháng	as usual
1207	召开	zhào kāi	convene
1208	哲学	zhé xué	philosophy
1209	针对	zhēn duì	be directed against; be aimed at
1210	真理	zhēn lǐ	truth
1211	真实	zhēn shí	true; real; authentic
1212	珍惜	zhēn xī	treasure; value; cherish
1213	诊断	zhěn duàn	diagnosis
1214	枕头	zhěn tou	pillow
1215	阵	zhèn	battle array; position; front
1216	振动	zhèn dòng	vibrate; vibrant
1217	睁	zhēng	open (eyes)
1218	争论	zhēng lùn	argue; debate
1219	征求	zhēng qiú	solicit; seek; ask for
1220	争取	zhēng qǔ	strive for; fight for
1221	整个	zhěng gè	whole; total; entire
1222	整体	zhěng tǐ	ensemble; whole; entirety
1223	正	zhèng	straight; upright; correct
1224	政策	zhèng cè	policy
1225	政府	zhèng fǔ	government
1226	证件	zhèng jiàn	credentials; papers
1227	证据	zhèng jù	evidence; proof; testimony

序号	词语	拼音	翻译
1228	挣钱	zhèng qián	earn money; make money
1229	政治	zhèng zhì	politics; political affairs
1230	支	zhī	branch; the twelve Earthly Branches
1231	知道	zhī dào	know; realise; be aware of
1232	支票	zhī piào	check/cheque
1233	直	zhí	straight; direct
1234	执行	zhí xíng	carry out; execute; implement
1235	执照	zhí zhào	license; permit
1236	指导	zhǐ dǎo	guide; direct; conduct
1237	指挥	zhǐ huī	command; direct; conduct
1238	制定	zhì dìng	draw up; draft; formulate
1239	制度	zhì dù	system; institution
1240	智慧	zhì huì	wisdom; intelligence; wit
1241	至今	zhì jīn	up to now; hitherto; so far
1242	治疗	zhì liáo	treat; cure; remedy
1243	秩序	zhì xù	order; sequence
1244	至于	zhì yú	go so far as to
1245	志愿者	zhì yuàn zhě	volunteer
1246	制作	zhì zuò	manufacture
1247	钟	zhōng	bell; clock
1248	中介	zhōng jiè	intermediary
1249	中心	zhōng xīn	centre
1250	中旬	zhōng xún	[the middle ten days of a month]
1251	重	zhòng	heavy; serious; once more
1252	重量	zhòng liàng	weight; scale; heft
1253	周到	zhōu dao	attentive; considerate; thorough
1254	逐步	zhú bù	step by step; progressively; gradually
1255	竹子	zhú zi	bamboo
1256	煮	zhǔ	boil; cook; stew
1257	主持	zhǔ chí	take charge of; manage; direct
1258	嘱咐	zhǔ fù	enjoin; exhort; charge (with a task)
1259	主观	zhǔ guān	subjective
1260	主人	zhǔ rén	owner
1261	主席	zhǔ xí	chairperson
1262	主张	zhǔ zhāng	claim; assertionl; proposal
1263	注册	zhù cè	register
1264	祝福	zhù fú	blessing; benediction; wish happiness to
1265	抓紧	zhuā jǐn	firmly grasp; pay close attention to

序号	词语	拼音	翻译
1266	专家	zhuān jiā	specialist; expert
1267	专心	zhuān xīn	engrossed; concentrating
1268	转变	zhuǎn biàn	change; convert; turn
1269	转告	zhuǎn gào	pass on; communicate; transmit
1270	装	zhuāng	dress; attire; clothing
1271	装饰	zhuāng shì	ornament; decorate; embellish
1272	状况	zhuàng kuàng	condition; state; status
1273	状态	zhuàng tài	status; condition; state of affairs
1274	追求	zhuī qiú	seek; pursue; woo
1275	资格	zī gé	qualification; seniority
1276	资金	zī jīn	fund
1277	资料	zī liào	means; resources; materials
1278	姿势	zī shì	posture; gesture
1279	咨询	zī xún	seek advice from; consult
1280	资源	zī yuán	(natural) resources
1281	紫	zǐ	purple
1282	自从	zì cóng	since
1283	自动	zì dòng	voluntarily; of one's own accord; spontaneous
1284	自豪	zì háo	be proud of
1285	自觉	zì jué	be aware of; conscientious
1286	字幕	zì mù	captions; subtitles
1287	自私	zì sī	selfish; self-centred; self-seeking
1288	自信	zì xìn	self-confident; believe in oneself
1289	自由	zì yóu	freedom; liberty
1290	自愿	zì yuàn	of one's own free will; voluntarily
1291	综合	zōng hé	synthesise; comprehensive; multiple
1292	宗教	zōng jiào	religion
1293	总裁	zǒng cái	president; director general
1294	总共	zǒng gòng	in all; altogether
1295	总理	zǒng lǐ	prime minister
1296	总算	zǒng suàn	at long last; finally
1297	总统	zǒng tǒng	president
1298	总之	zǒng zhī	in a word; in short; in brief
1299	祖国	zǔ guó	homeland; native land
1300	组合	zǔ hé	make up; compose; constitute
1301	祖先	zǔ xiān	ancestors; forefathers
1302	阻止	zǔ zhǐ	arrest; stop; prevent

序号	词语	拼音	翻译
1303	醉	zuì	drunk; intoxicated
1304	最初	zuì chū	initial; first; prime
1305	罪犯	zuì fàn	criminal; offender; culprit
1306	尊敬	zūn jìng	respect; honour; esteem
1307	遵守	zūn shǒu	observe; abide by; comply with
1308	作品	zuò pǐn	works; opus
1309	作为	zuò wéi	to act as; conduct
1310	作文	zuò wén	write a composition

序号	词语	拼音	翻译
1	哎哟	āi yō	oh, dear; ouch; ow!
2	挨	ái	suffer; endure; drag out;
3	癌症	ái zhèng	cancer
4	爱不释手	ài bù shì shǒu	like something so much that one cannot bear to part with it
5	爱戴	ài dài	love and esteem; respect and support
6	暧昧	ài mèi	ambiguous; equivocal; dubious
7	安居乐业	ān jū lè yè	live and work in peace
8	安宁	ān níng	peaceful; tranquil; calm
9	安详	ān xiáng	composed; serene
10	安置	ān zhì	arrange for; find a place for
11	案件	àn jiàn	legal case
12	案例	àn lì	case; example of
13	按摩	àn mó	massage
14	暗示	àn shì	hint; imply
15	昂贵	áng guì	expensive; costly
16	凹凸	āo tū	concave-convex; bumpy; uneven
17	熬	áo	boil; stew
18	奥秘	ào mì	profound mystery; secret
19	扒	bā	dig up; pull down; rake
20	疤	bā	scar
21	巴不得	bā bù dé	be only too anxious; eagerly look forward to; earnestly wish
22	巴结	bā jie	curry favour with; fawn on; flatter
23	拔苗助长	bá miáo zhù zhǎng	pull up a seedling in the mistaken hope of helping it to grow
24	把关	bǎ guān	guard a pass/checkpoint
25	把手	bǎ shǒu	handle; holder; hand; knob
26	把戏	bǎ xì	acrobatics
27	霸道	bà dào	strong; potent
28	罢工	bà gōng	go on strike; down tools
29	掰	bāi	break off (with hands); sever
30	百分点	bǎi fēn diǎn	percentage point; percentile
31	摆脱	bǎi tuō	dispense; cast off; extricate oneself from

序号	词语	拼音	翻译
32	拜访	bài fǎng	pay a visit; call to pay respects; call on
33	败坏	bài huài	ruin; corrupt; debase
34	拜年	bài nián	pay a New Year call
35	拜托	bài tuō	request somebody to do something; entrust
36	颁布	bān bù	promulgate; issue; proclaim
37	颁发	bān fā	issue; promulgate
38	斑纹	bān wén	stripe; streak
39	版本	bǎn běn	edition
40	伴侣	bàn lǚ	companion; mate; partner
41	伴随	bàn suí	accompany; be in the wake of
42	半途而废	bàn tú ér fèi	give up halfway; leave something unfinished
43	扮演	bàn yǎn	play the part of; have a role; act
44	绑架	bǎng jià	kidnap
45	榜样	bǎng yàng	example; model; pattern
46	磅	bàng	pound [weight]; scale
47	包庇	bāo bì	shield; harbour; cover up
48	包袱	bāo fu	cloth wrappers
49	包围	bāo wéi	surround
50	包装	bāo zhuāng	pack; wrap up; packaging
51	保管	bǎo guǎn	take care of; safeguard
52	饱和	bǎo hé	saturated
53	饱经沧桑	bǎo jīng cāng sāng	have lived through many changes
54	保密	bǎo mì	keep something secret
55	保姆	bǎo mǔ	nanny; nursemaid
56	保守	bǎo shǒu	conservative
57	保卫	bǎo wèi	defend; guard; safeguard
58	保养	bǎo yǎng	take good care of one's health; keep fit; keep in good repair
59	保障	bǎo zhàng	ensure; guarantee; safeguard
60	保重	bǎo zhòng	to take care of oneself
61	报仇	bào chóu	revenge; avenge
62	报酬	bào chou	reward; remuneration; pay
63	报答	bào dá	repay; pay back
64	报到	bào dào	report for duty; check in; register
65	爆发	bào fā	erupt; burst; blow up

序号	词语	拼音	翻译
66	报复	bào fù	take vengeance on; retaliate
67	抱负	bào fù	aspiration; ambition; lofty aim
68	曝光	bào guāng	exposure
69	暴力	bào lì	violence; force
70	暴露	bào lù	expose; reveal; lay bare
71	报社	bào shè	newspaper office
72	报销	bào xiāo	submit an expense account; apply for reimbursement; claim a refund
73	抱怨	bào yuàn	complain; grumble
74	爆炸	bào zhà	explode; blow up; bomb
75	悲哀	bēi āi	grief; sorrow
76	卑鄙	bēi bǐ	base; mean; contemptible
77	悲惨	bēi cǎn	miserable
78	北极	běi jí	the North Pole
79	被动	bèi dòng	passive
80	备份	bèi fèn	back-up
81	被告	bèi gào	defendant; the accused
82	贝壳	bèi ké	conch; sea shell
83	背叛	bèi pàn	betray; forsake
84	背诵	bèi sòng	recite; repeat from memory; say by heart
85	备忘录	bèi wàng lù	memorandum; aide-mémoire
86	奔波	bēn bō	rush about; be on the go
87	奔驰	bēn chí	run quickly; speed; gallop
88	本能	běn néng	instinct; native ability
89	本钱	běn qián	capital [money]
90	本人	běn rén	oneself; in the flesh
91	本身	běn shēn	in itself/oneself
92	本事	běn shì	skill; ability; talent
93	本着	běn zhe	in line with; in the light of; according to
94	笨拙	bèn zhuō	clumsy; stupid; slow-witted
95	崩溃	bēng kuì	breakdown; collapse; disintegrate
96	甭	béng	need not; do not have to
97	蹦	bèng	hop; skip; jump
98	迸发	bèng fā	burst forth; burst out
99	逼迫	bī pò	force; compel; coerce
100	鼻涕	bí tì	snot; nasal mucus

序号	词语	拼音	翻译
101	比方	bǐ fang	analogy; example; instance
102	比喻	bǐ yù	metaphor or simile; analogy; allegory
103	比重	bǐ zhòng	proportion; specific weight
104	臂	bì	arm
105	弊病	bì bìng	malady; evil; malpractice
106	必定	bì dìng	be bound to; certainly; undoubtedly
107	弊端	bì duān	malpractice; abuse
108	闭塞	bì sè	to close up; hard to get to; out-of-the-way
109	碧玉	bì yù	jade; jasper
110	鞭策	biān cè	spur on; encourage
111	边疆	biān jiāng	borderland; frontier region
112	边界	biān jiè	boundary; frontier; border
113	边境	biān jìng	border; frontier
114	边缘	biān yuán	border; edge; fringe; margin
115	编织	biān zhī	weave
116	扁	biǎn	flat
117	贬低	biǎn dī	belittle; depreciate; disparage
118	贬义	biǎn yì	derogatory sense; negative connotation
119	遍布	biàn bù	be found everywhere; spread all over
120	变故	biàn gù	unforeseen event; accident; mishap
121	辩护	biàn hù	speak in defense of; argue in favour of
122	辩解	biàn jiě	provide an explanation; argue that; justify
123	便利	biàn lì	convenient; easy
124	变迁	biàn qiān	transition; changes; vicissitudes
125	辨认	biàn rèn	identify; recognise
126	便条	biàn tiáo	note
127	便于	biàn yú	easy to; convenient for
128	辩证	biàn zhèng	investigate; dialectical
129	变质	biàn zhì	go bad; deteriorate
130	辫子	biàn zi	plait; braid; pigtail
131	标本	biāo běn	specimen; sample; representative
132	标记	biāo jì	tab; sign; stamp

序号	词语	拼音	翻译
133	飙升	biāo shēng	surge; soar; skyrocket
134	标题	biāo tí	title; heading
135	表决	biǎo jué	decide by vote
136	表态	biǎo tài	clarify one's position
137	表彰	biǎo zhāng	commend; cite
138	憋	biē	back; suppress; suffocate
139	别人	bié ren	other people
140	别墅	bié shù	villa
141	别致	bié zhì	unconventional; interesting and novel; new and unusal
142	别扭	biè niu	difficult to deal with; troublesome; hard to get along with
143	濒临	bīn lín	be close to; be on the verge of; border on
144	冰雹	bīng báo	hail; hail stone
145	并存	bìng cún	exist side by side; coexist
146	并非	bìng fēi	really not
147	并列	bìng liè	stand side by side; be juxtaposed; put something on a par with
148	拨打	bō dǎ	call; dial
149	播放	bō fàng	broadcast
150	波浪	bō làng	wave
151	波涛汹涌	bō tāo xiōng yǒng	roaring waves
152	剥削	bō xuē	exploit
153	播种	bō zhòng	to sow; to seed
154	博大精深	bó dà jīng shēn	extensive and profound; have extensive knowledge and profound scholarship
155	搏斗	bó dòu	wrestle; fight; struggle
156	博览会	bó lǎn huì	fair; exhibition; exposition
157	伯母	bó mǔ	aunt [wife of father's elder brother]
158	薄弱	bó ruò	weak; frail
159	不顾	bú gù	disregard; in spite of
160	不愧	bú kuì	be worthy of; deserve to be called; prove oneself to be
161	不料	bú liào	unexpectedly; to one's surprise
162	不像话	bú xiàng huà	unreasonable; absurd

序号	词语	拼音	翻译
163	不屑一顾	bú xiè yī gù	not spare a glance for; beneath contempt
164	补偿	bǔ cháng	compensate; make up for
165	补救	bǔ jiù	remedy; repair; retrieval
166	哺乳	bǔ rǔ	breast-feed; suckle; nurse
167	补贴	bǔ tiē	subsidy; allowance
168	捕捉	bǔ zhuō	catch; seize
169	不得已	bù dé yǐ	be forced to; have no alternative but to
170	步伐	bù fá	step; pace
171	不妨	bù fáng	there is no harm in; might as well
172	不敢当	bù gǎn dāng	I really don't deserve it; you flatter me
173	布告	bù gào	notice; bulletin; proclamation
174	不禁	bù jīn	cannot refrain from; involuntarily; spontaneously
175	布局	bù jú	layout; arrangement
176	不堪	bù kān	cannot bear; cannot stand
177	不可思议	bù kě sī yì	unimaginable; inconceivable
178	不时	bù shí	frequently; from time to time; now and then
179	部署	bù shǔ	arrange; map out; lay out
180	部位	bù wèi	position; place; location
181	不惜	bù xī	not spare; not hestitate
182	不相上下	bù xiāng shàng xià	be roughly the same; about equal
183	不言而喻	bù yán ér yù	it is self-evident; it goes without saying; it stands to reason that
184	不由得	bù yóu de	cannot help; cannot but
185	不择手段	bù zé shǒu duàn	by fair means or foul; by hook or by crook
186	不止	bù zhǐ	more than; not limited to
187	布置	bù zhì	fix up; arrange; decorate
188	裁缝	cái feng	tailor; dressmaker
189	财富	cái fù	wealth; fortune; riches
190	才干	cái gàn	ability; competence; capability
191	裁判	cái pàn	judge; referee
192	财务	cái wù	financial affairs
193	裁员	cái yuán	reduce the number of staff

序号	词语	拼音	翻译
194	财政	cái zhèng	government finance; public economy
195	采购	cǎi gòu	procure; make purchases for an organization or enterprise
196	采集	cǎi jí	gather; collect
197	采纳	cǎi nà	accept; adopt
198	彩票	cǎi piào	lottery ticket; raffle ticket
199	参谋	cān móu	staff officer; adviser
200	参照	cān zhào	refer to; consult
201	残酷	cán kù	cruel; brutal; ruthless
202	残留	cán liú	remain; be left over; residual
203	残忍	cán rěn	cruel; ruthless; merciless
204	灿烂	càn làn	magnificent; splendid; resplendent
205	舱	cāng	cabin; module
206	苍白	cāng bái	pale; pallid; wan
207	仓促	cāng cù	hastily; hurriedly
208	仓库	cāng kù	storehouse; warehouse
209	操劳	cāo láo	work hard
210	操练	cāo liàn	drill; practice
211	操纵	cāo zòng	operate; control; steer
212	操作	cāo zuò	operate; manipulate; handle
213	嘈杂	cáo zá	noisy; din
214	草案	cǎo àn	draft; ground plan
215	草率	cǎo shuài	careless; perfunctory; rash
216	策划	cè huà	plan; plot; scheme
217	测量	cè liáng	measure; survey; gauge
218	策略	cè lüè	tactics; policy; strategy
219	侧面	cè miàn	side; flank; profile
220	层出不穷	céng chū bù qióng	come out in an unending flow
221	层次	céng cì	administrative levels; arrangement of ideas; gradation
222	差距	chā jù	gap; disparity
223	查获	chá huò	hunt down and seize; track down
224	岔	chà	fork in road; branch off; turn off
225	刹那	chà nà	instant; split second
226	诧异	chà yì	be surprised; be amazed; be astonished
227	柴油	chái yóu	diesel oil

序号	词语	拼音	翻译
228	搀	chān	support somebody with one's hand; to mix; adulterate
229	馋	chán	greedy; gluttonous; covetous
230	缠绕	chán rào	twine; swathe
231	阐述	chǎn shù	expound; elaborate; set forth
232	产业	chǎn yè	industry
233	颤抖	chàn dǒu	shake; tremble; quiver
234	猖狂	chāng kuáng	savage; furious
235	昌盛	chāng shèng	prosperous; flourishing
236	偿还	cháng huán	repay; pay back
237	常年	cháng nián	throughout the year; perennial; year in year out
238	尝试	cháng shì	trial; attempt
239	常务	cháng wù	day-to-day business; routine
240	场	chǎng	[a level open space (eg. a threshing ground, market, sports field, square etc)]
241	场合	chǎng hé	occasion; situation
242	敞开	chǎng kāi	open wide; unlimited; unrestricted
243	场面	chǎng miàn	scene; spectacle; appearance
244	场所	chǎng suǒ	place; site; lieu
245	倡导	chàng dǎo	initiate; propose; advocate
246	畅通	chàng tōng	unimpeded; unblocked
247	畅销	chàng xiāo	sell well; be in great demand; have a ready market
248	倡议	chàng yì	propose; sponsor
249	超级	chāo jí	super
250	钞票	chāo piào	bank note; paper money
251	超越	chāo yuè	surmount; transcend; surpass
252	潮流	cháo liú	tide; tidal current; tidal wave
253	潮湿	cháo shī	damp; moist; humidy
254	嘲笑	cháo xiào	ridicule; deride; make fun of
255	撤退	chè tuì	withdraw; retreat; pull out
256	撤销	chè xiāo	cancel; rescind; revoke
257	沉淀	chén diàn	sediment; precipitation
258	陈旧	chén jiù	outmoded; obsolete;old-fashioned
259	陈列	chén liè	display; set out; exhibit
260	沉闷	chén mèn	oppressive; depressing

序号	词语	拼音	翻译
261	陈述	chén shù	state; declare; allege
262	沉思	chén sī	ponder; meditate; muse
263	沉重	chén zhòng	heavy
264	沉着	chén zhuó	cool-headed; composed
265	称心如意	chèn xīn rú yì	have something as one wishes
266	称号	chēng hào	title; name; designation
267	橙	chéng	orange
268	盛	chéng	fill; hold; contain
269	承办	chéng bàn	undertake
270	承包	chéng bāo	contract
271	城堡	chéng bǎo	castle; citadel
272	成本	chéng běn	cost
273	惩罚	chéng fá	punish; penalise
274	成交	chéng jiāo	strike a bargain; clinch a deal; conclude a transaction
275	承诺	chéng nuò	promise to do something
276	澄清	chéng qīng	clear; transparent
277	成天	chéng tiān	all day long; all the time
278	乘务员	chéng wù yuán	crew member; attendant [on a train]
279	呈现	chéng xiàn	present; appear; emerge
280	成效	chéng xiào	effect; result
281	成心	chéng xīn	intentionally; on purpose
282	成员	chéng yuán	member
283	诚挚	chéng zhì	sincere; cordial
284	秤	chèng	scales; steelyard
285	吃苦	chī kǔ	bear hardships
286	吃力	chī lì	strenuous; laborious
287	迟缓	chí huǎn	slow; tardy; sluggish
288	持久	chí jiǔ	lasting; enduring; persistent
289	池塘	chí táng	pool; pond
290	迟疑	chí yí	hesitate
291	赤道	chì dào	the equator
292	赤字	chì zì	deficit
293	充当	chōng dāng	act as; play the part of; pose as
294	冲动	chōng dòng	impulse; get excited
295	冲击	chōng jī	to lash; pound; strike
296	充沛	chōng pèi	plentiful; abundant; full of
297	充实	chōng shí	substantial; rich

序号	词语	拼音	翻译
298	冲突	chōng tū	clash; collide; conflict
299	充足	chōng zú	adequate; sufficient; ample
300	崇拜	chóng bài	worship; adore; idolise
301	重叠	chóng dié	one on top of another; overlapping
302	崇高	chóng gāo	lofty; sublime
303	崇敬	chóng jìng	esteem; respect; revere
304	重阳节	chóng yáng jié	Double Ninth Festival
305	抽空	chōu kòng	manage to find time
306	筹备	chóu bèi	prepare; arrange
307	踌躇	chóu chú	to hesitate; falter; waver
308	稠密	chóu mì	dense; compactedness
309	丑恶	chǒu è	ugly; repulsive; hideous
310	初步	chū bù	initial; first step; preliminary
311	出路	chū lù	way out; outlet
312	出卖	chū mài	to sell; offer for sale
313	出身	chū shēn	family background
314	出神	chū shén	be spellbound; be absorbed in; be lost in thought
315	出息	chū xi	promise; prospects; future
316	出洋相	chū yáng xiàng	make a fool of oneself
317	储备	chǔ bèi	store for future use; lay up; reserve
318	储存	chǔ cún	store up; keep in reserve
319	处分	chǔ fèn	punish; take disciplinary action against
320	处境	chǔ jìng	unfavourable situation; plight
321	储蓄	chǔ xù	savings; deposits
322	处置	chǔ zhì	to handle; deal with; manage
323	触犯	chù fàn	offend; violate; go against
324	川流不息	chuān liú bù xī	a continuous flow
325	穿越	chuān yuè	pass through; cut across
326	船舶	chuán bó	shipping; boats and ships; watercraft
327	传达	chuán dá	pass on; relay; convey
328	传单	chuán dān	leaflet; handbill
329	传授	chuán shòu	pass on; impart
330	喘气	chuǎn qì	breathe; pant; gasp
331	串	chuàn	string together
332	床单	chuáng dān	sheet; bedclothes

序号	词语	拼音	翻译
333	创立	chuàng lì	found; originate; set up
334	创新	chuàng xīn	innovate
335	创业	chuàng yè	start an undertaking; do pioneering work
336	创作	chuàng zuò	create; produce
337	吹牛	chuī niú	boast; brag
338	吹捧	chuī pěng	flatter
339	锤	chuí	hammer; [a metal ball with a handle or chain, used as weapon]
340	垂直	chuí zhí	perpendicular; vertical
341	纯粹	chún cuì	pure; complete; unadulterated
342	纯洁	chún jié	pure; clean and honest; chaste
343	词汇	cí huì	vocabulary; words and phrases
344	慈祥	cí xiáng	kindly; amiable
345	雌雄	cí xióng	victory and defeat; male and female
346	刺	cì	to stab; prick; thorn; splinter
347	伺候	cì hòu	wait upon; serve
348	次品	cì pǐn	substandard goods; defective goods
349	次序	cì xù	order; sequence; arrangement
350	丛	cóng	clump; cluster
351	从容不迫	cóng róng bù pò	take it leisurely; calm and unhurried
352	凑合	còu he	gather together; assemble; improvise
353	粗鲁	cū lǔ	rough; rude; boorish
354	窜	cuàn	to flee; scurry; exile
355	摧残	cuī cán	wreck; destroy; devastate
356	脆弱	cuì ruò	fragile; frail; tender
357	搓	cuō	twist; rub with the hands
358	磋商	cuō shāng	consult; exchange views
359	挫折	cuò zhé	setback; frustration
360	搭	dā	put up; build
361	搭档	dā dàng	partner; cooperate; work together
362	搭配	dā pèi	arrange in pairs or groups
363	答辩	dá biàn	reply to a charge; reply in support of one's own idea or opinion
364	达成	dá chéng	reach; conclude
365	答复	dá fù	formal reply; answer
366	打包	dǎ bāo	to wrap/box up

序号	词语	拼音	翻译
367	打官司	dǎ guān si	go to court; engage in a lawsuit
368	打击	dǎ jī	strike; attack; crack down
369	打架	dǎ jià	come to blows; fight; scuffle
370	打量	dǎ liang	look somebody up and down; size up
371	打猎	dǎ liè	go hunting
372	打仗	dǎ zhàng	fight; go to war; make war
373	大不了	dà bù liǎo	if the worst comes to the worst
374	大臣	dà chén	minister; secretary
375	大伙儿	dà huǒ er	we all; you all; everybody
376	大厦	dà shà	large building; edifice
377	大肆	dà sì	without restraint; wantonly; recklessly
378	大体	dà tǐ	more or less; by and large; cardinal principle
379	大意	dà yì	general idea; main points
380	大致	dà zhì	roughly; on the whole
381	歹徒	dǎi tú	scoundrel; ruffian; hoodlum
382	逮捕	dài bǔ	arrest; take into custody
383	代价	dài jià	price; cost
384	代理	dài lǐ	act on behalf of someone in position of responsibility
385	带领	dài lǐng	lead; guide
386	怠慢	dài màn	snub; slight
387	担保	dān bǎo	warrant; guarantee; vouch for
388	胆怯	dǎn qiè	timid; cowardly
389	蛋白质	dàn bái zhì	protein
390	诞辰	dàn chén	birthday
391	淡季	dàn jì	off season
392	诞生	dàn shēng	be born; come into being; emerge
393	淡水	dàn shuǐ	fresh water
394	当场	dāng chǎng	on the spot; then and there
395	当初	dāng chū	at the beginning; originally; in the first place
396	当面	dāng miàn	to somebody's face; in somebody's presence; face to face
397	当前	dāng qián	before one; present; current

序号	词语	拼音	翻译
398	当事人	dāng shì rén	party [in legal case]; litigant; person concerned
399	当务之急	dāng wù zhī jí	a pressing matter of the moment; urgent matter
400	当心	dāng xīn	be careful
401	当选	dāng xuǎn	be elected
402	党	dǎng	(political) party
403	档案	dàng àn	files; archives; record
404	档次	dàng cì	grade; class
405	倒闭	dǎo bì	close down; go bankrupt; go out of business
406	导弹	dǎo dàn	guided missile
407	导航	dǎo háng	navigation
408	捣乱	dǎo luàn	make trouble; create a disturbance
409	导向	dǎo xiàng	orientation; guidance; direct (something)
410	岛屿	dǎo yǔ	islands and islets
411	稻谷	dào gǔ	paddy; rice (in the husk)
412	盗窃	dào qiè	steal; pilfer
413	得不偿失	dé bù cháng shī	lose more than you gain
414	得力	dé lì	benefit from
415	得天独厚	dé tiān dú hòu	be born under a lucky star; enjoy exceptional advantages
416	得罪	dé zuì	offend; displease
417	蹬	dēng	pedal
418	灯笼	dēng lóng	lantern
419	登录	dēng lù	log on/in
420	登陆	dēng lù	land; disembark
421	等级	děng jí	grade; rank
422	瞪	dèng	glare; stare at; open (one's eyes) wide
423	堤坝	dī bà	dam; dyke
424	敌视	dí shì	be hostile to; be antagonistic to
425	抵达	dǐ dá	arrive; reach
426	抵抗	dǐ kàng	resist; stand up to; oppose
427	抵制	dǐ zhì	boycott; resist
428	地步	dì bù	condition; plight; situation

序号	词语	拼音	翻译
429	地道	dì dao	tunnel; underpass; typical [of a place]
430	地势	dì shì	physical features of a place; topography
431	递增	dì zēng	increase by degrees
432	地质	dì zhì	geology
433	颠簸	diān bǒ	jolt; bump; thrash
434	颠倒	diān dǎo	put upside down; overthrow; transpose
435	典礼	diǎn lǐ	ceremony; celebration
436	典型	diǎn xíng	typical example; model; type
437	点缀	diǎn zhuì	embellish; ornament; adorn
438	垫	diàn	pad; put something under something else to raise it up or make it level; fill a vacancy
439	奠定	diàn dìng	establish; settle
440	惦记	diàn jì	be concerned about; keep thinking about
441	电源	diàn yuán	electric source; power pack
442	叼	diāo	hold in the mouth
443	雕刻	diāo kè	carve; chisel; engrave
444	雕塑	diāo sù	carve and mould; sculpture
445	吊	diào	hang; suspend; lift up or let down with a rope
446	调动	diào dòng	transfer; shift; manoeuver
447	跌	diē	fall; tumble
448	盯	dīng	fix one's eyes on; gaze at; stare at
449	叮嘱	dīng zhǔ	urge again and again; repeatedly advise; exhort
450	定期	dìng qī	fix a date; at regular intervals
451	定义	dìng yì	definition; delimiting
452	丢人	diū rén	lose face
453	丢三落四	diū sān là sì	forgetful
454	东道主	dōng dào zhǔ	host; one who pays for a meal
455	东张西望	dōng zhāng xī wàng	look all around
456	董事长	dǒng shì zhǎng	chairman of the board
457	栋	dòng	ridgepole; [measure word for a building]

序号	词语	拼音	翻译
458	动荡	dòng dàng	turbulence; upheaval; unrest
459	动机	dòng jī	motive; intention; cause
460	冻结	dòng jié	to freeze; congeal
461	动静	dòng jìng	the sound of movement
462	动力	dòng lì	impetus; motivation; motive power/force
463	动脉	dòng mài	artery
464	动身	dòng shēn	go on a journey; set out on a journey
465	动手	dòng shǒu	start work
466	动态	dòng tài	trends; tendencies; probable cause of action
467	洞穴	dòng xué	cave; cavern; grotto
468	动员	dòng yuán	mobilise
469	兜	dōu	pocket; move in a circle; canvas
470	陡峭	dǒu qiào	precipitous
471	斗争	dòu zhēng	struggle; fight; combat
472	督促	dū cù	urge; press; push forward
473	都市	dū shì	city; metropolis; urban
474	独裁	dú cái	dictatorship; autocratic rule
475	毒品	dú pǐn	drugs; narcotics
476	赌博	dǔ bó	gamble
477	堵塞	dǔ sè	stop up; block up; choke
478	杜绝	dù jué	stop; completely eradicate; put an end to
479	端	duān	end; extremity
480	端午节	duān wǔ jié	Dragon Boat Festival
481	端正	duān zhèng	upright; regular
482	短促	duǎn cù	very brief; pressed for time; short
483	断定	duàn dìng	conclude; form a judgment
484	断断续续	duàn duàn xù xù	from time to time; intermittently; on and off
485	断绝	duàn jué	break off; cut off; sever
486	堆积	duī jī	pile up; heap up; accumulate
487	对策	duì cè	the way to deal with a situation; countermeasure
488	对称	duì chèn	symmetry
489	对付	duì fu	deal with; cope with; tackle
490	兑换	duì huàn	exchange; convert

序号	词语	拼音	翻译
491	对抗	duì kàng	confrontation; antagonise; counter
492	对立	duì lì	oppose; set something against
493	对联	duì lián	[a pair of scrolls containing a poetic couplet]
494	队伍	duì wu	troops; army
495	兑现	duì xiàn	cash a check; honour a commitment
496	对应	duì yìng	corresponding
497	对照	duì zhào	contrast; compare
498	顿时	dùn shí	immediately; suddenly; at once
499	哆嗦	duō suo	tremble; shiver
500	多元化	duō yuán huà	pluralise
501	堕落	duò luò	go downhill; degenerate
502	额外	é wài	extra; additional; added
503	恶心	ě xin	feel like vomiting; nausea
504	恶化	è huà	worsen; deteriorate; exacerbate
505	遏制	è zhì	keep within limits; contain; suppress
506	恩怨	ēn yuàn	resentment; grudge
507	而已	ér yǐ	that is all; nothing more
508	耳环	ěr huán	earrings
509	二氧化碳	èr yǎng huà tàn	carbon dioxide
510	发布	fā bù	publish; issue; release
511	发财	fā cái	get rich; make a fortune
512	发呆	fā dāi	stare blankly; dumbfounded; in a daze
513	发动	fā dòng	start; launch
514	发火	fā huǒ	catch fire; ignite; detonate
515	发觉	fā jué	come to know; be aware; realise
516	发射	fā shè	launch; radiate; project
517	发誓	fā shì	vow; pledge; swear an oath
518	发行	fā xíng	sell wholesale
519	发炎	fā yán	inflame
520	发扬	fā yáng	develop; promote; carry forward
521	发育	fā yù	growth; development
522	法人	fǎ rén	legal person
523	翻	fān	turn over; turn around; reverse
524	番	fān	foreign
525	繁华	fán huá	flourishing; prosperous; bustling

序号	词语	拼音	翻译
526	繁忙	fán máng	busy
527	繁体字	fán tǐ zì	complex Chinese characters [in their original full form]
528	繁殖	fán zhí	breed; reproduce; propagate
529	反驳	fǎn bó	refute; retort; rebut
530	反常	fǎn cháng	unusual; abnormal; perverse
531	反倒	fǎn dào	on the contrary; instead
532	反动	fǎn dòng	reaction
533	反感	fǎn gǎn	be disgusted with; be averse to
534	反抗	fǎn kàng	revolt; resist; react
535	反馈	fǎn kuì	feedback
536	反面	fǎn miàn	reverse side; wrong side; back
537	反射	fǎn shè	reflex; reflect; reverberate
538	反思	fǎn sī	self-examination; introspection; profound consideration
539	反问	fǎn wèn	ask in reply; answer a question with a question
540	反之	fǎn zhī	conversely; on the contrary; otherwise
541	范畴	fàn chóu	category; domain; scope
542	泛滥	fàn làn	be in flood; overflow; unchecked
543	贩卖	fàn mài	traffic; peddle; sell
544	方位	fāng wèi	position; bearing; points of the compass
545	方言	fāng yán	dialect
546	方针	fāng zhēn	policy; guiding principle; orientation
547	防守	fáng shǒu	defend; guard
548	防疫	fáng yì	epidemic prevention
549	防御	fáng yù	defense
550	防止	fáng zhǐ	prevent; guard against
551	防治	fáng zhì	prevention and cure; preventive treatment
552	纺织	fǎng zhī	spinning and weaving
553	放大	fàng dà	amplify; magnify; boost; enlarge
554	放射	fàng shè	radiate; emit
555	放手	fàng shǒu	let go; release
556	非法	fēi fǎ	illegal; unlawful; illicit

序号	词语	拼音	翻译
557	飞禽走兽	fēi qín zǒu shòu	birds and animals
558	飞翔	fēi xiáng	flight; circle in the air; hover
559	飞跃	fēi yuè	leap
560	肥沃	féi wò	fertile; rich
561	诽谤	fěi bàng	slander; libel; defame
562	匪徒	fěi tú	gangster; bandit
563	废除	fèi chú	abolish; annul; annihilate
564	沸腾	fèi téng	boiling
565	废墟	fèi xū	ruins; remainder; wasteland
566	分辨	fēn biàn	distinguish; differentiate; resolution
567	分寸	fēn cun	sense of propriety
568	吩咐	fēn fù	instruct
569	分红	fēn hóng	share out bonus; draw/receive dividends
570	分解	fēn jiě	resolve; decompose; disintegrate
571	分裂	fēn liè	split; break up; tear
572	分泌	fēn mì	secrete; excretion
573	分明	fēn míng	clear; obvious; clearly demarcated
574	分歧	fēn qí	difference; divergence
575	分散	fēn sàn	disperse; scatter; decentralise
576	分手	fēn shǒu	part company; say good-bye; separate
577	坟墓	fén mù	grave; tomb
578	粉末	fěn mò	(fine) powder
579	粉色	fěn sè	pink
580	粉碎	fěn suì	smash; shatter
581	分量	fèn liàng	weight
582	风暴	fēng bào	storm; tempest
583	封闭	fēng bì	seal off; close
584	风度	fēng dù	demeanour; bearing
585	风光	fēng guāng	scene; view; sight
586	封建	fēng jiàn	feudalism
587	锋利	fēng lì	sharp; keen
588	丰满	fēng mǎn	plentiful
589	风气	fēng qì	general mood; atmosphere; common practice
590	风趣	fēng qù	humour; wit
591	丰盛	fēng shèng	rich; sumptuous

序号	词语	拼音	翻译
592	丰收	fēng shōu	bumper harvest
593	封锁	fēng suǒ	blockade; block; seal off
594	风土人情	fēng tǔ rén qíng	local customs and practices
595	风味	fēng wèi	special flavour; local colour; aroma
596	逢	féng	meet; come upon
597	奉献	fèng xiàn	offer as a tribute; present with all respect
598	否决	fǒu jué	reject; vote down; overrule
599	夫妇	fū fù	husband and wife
600	夫人	fū ren	Lady; Madam
601	敷衍	fū yǎn	be perfunctory; go through the motions; whitewash
602	幅度	fú dù	scope; extent
603	符号	fú hào	character; sign; symbol
604	福利	fú lì	(material) welfare
605	俘虏	fú lǔ	capture; take prisoner
606	服气	fú qì	be convinced
607	福气	fú qi	happy lot; good fortune
608	辐射	fú shè	radiation; beaming
609	腐败	fǔ bài	rotten; putrid; decayed
610	腐烂	fǔ làn	become putrid; decompose; corrupt
611	腐蚀	fǔ shí	corrode
612	腐朽	fǔ xiǔ	rotten; decayed
613	俯仰	fǔ yǎng	pitch [movement]
614	抚养	fǔ yǎng	foster; raise; bring up
615	辅助	fǔ zhù	assist; auxiliary; subsidiary
616	副	fù	deputy; vice-; auxiliary
617	负担	fù dān	bear; shoulder; burden; load
618	覆盖	fù gài	cover; overlap; vegetation
619	附和	fù hè	echo; repeat what others say
620	复活	fù huó	bring back to life; revive; resuscitate
621	附件	fù jiàn	attachment; appendix; enclosure
622	附属	fù shǔ	subsidiary; auxiliary; affiliated
623	腹泻	fù xiè	diarrhoea
624	复兴	fù xīng	revive; rejuvenate; resuscitate
625	赋予	fù yǔ	give; endow; entrust
626	富裕	fù yù	prosperous; well-off
627	副作用	fù zuò yòng	side effect

序号	词语	拼音	翻译
628	改良	gǎi liáng	improve; ameliorate; reform
629	盖章	gài zhāng	affix one's seal; stamp
630	尴尬	gān gà	awkward; embarrassed
631	干旱	gān hàn	drought; arid; dry
632	干扰	gān rǎo	disturb; obstruct
633	干涉	gān shè	interfere; intervene; meddle
634	甘心	gān xīn	willingly; readily
635	干预	gān yù	intervene; interpose; meddle
636	感慨	gǎn kǎi	sigh (with emotion)
637	感染	gǎn rǎn	infect; influence
638	干劲	gàn jìn	drive; vigour; enthusiasm
639	刚刚	gāng gāng	just; only; exactly
640	纲领	gāng lǐng	programme; guiding principle
641	港口	gǎng kǒu	port; harbour
642	港湾	gǎng wān	haven; estuary
643	岗位	gǎng wèi	post; station
644	杠杆	gàng gǎn	lever; pry bar
645	高超	gāo chāo	excellent; exquisite; superb
646	高潮	gāo cháo	high tide; climax
647	高峰	gāo fēng	peak; summit
648	高考	gāo kǎo	[national university entrance exam in the PRC]
649	高明	gāo míng	brilliant; bright
650	高尚	gāo shàng	noble; lofty; respectable
651	高涨	gāo zhǎng	upsurge
652	稿件	gǎo jiàn	manuscript; contribution
653	告辞	gào cí	farewell; take leave
654	告诫	gào jiè	warn; admonish; enjoin
655	搁	gē	bear; endure; stand
656	割	gē	cut; mow (grass)
657	疙瘩	gē da	a swelling on the skin; pimple; lump
658	歌颂	gē sòng	sing the praises of; extol; eulogise
659	隔阂	gé hé	estrangement; misunderstanding
660	格局	gé jú	pattern; setup; structure
661	隔离	gé lí	isolate; keep apart; segregate
662	格式	gé shì	layout; pattern; format
663	各抒己见	gè shū jǐ jiàn	everyone expresses their own view

序号	词语	拼音	翻译
664	个体	gè tǐ	individuality; personality
665	各自	gè zì	each; by oneself; respective
666	跟前	gēn qián	at one's side; living with me/us etc
667	根深蒂固	gēn shēn dì gù	ingrained; inveterate; deep-seated
668	跟随	gēn suí	follow; go after
669	根源	gēn yuán	source; origin; root
670	跟踪	gēn zōng	follow the tracks of; following
671	耕地	gēng dì	plough; till; cultivated land
672	更新	gēng xīn	renew; renovate; update
673	更正	gēng zhèng	make corrections; amend
674	公安局	gōng ān jú	Public Security Bureau (PSB)
675	供不应求	gōng bù yìng qiú	demand exceeds supply
676	公道	gōng dào	fair; just; reasonable
677	宫殿	gōng diàn	palace
678	工夫	gōng fu	time
679	公告	gōng gào	public announcement
680	公关	gōng guān	public relations
681	攻击	gōng jī	attack; assault; accuse
682	供给	gōng jǐ	supply; provide; furnish
683	恭敬	gōng jìng	respectful; with great respect
684	功课	gōng kè	schoolwork
685	攻克	gōng kè	capture; take
686	功劳	gōng láo	contribution; meritorious service
687	公民	gōng mín	citizen
688	公婆	gōng pó	husband's father and mother
689	公然	gōng rán	openly; brazenly
690	公认	gōng rèn	universally acknowledged
691	公式	gōng shì	formula
692	公务	gōng wù	public affairs; official business
693	功效	gōng xiào	efficacy
694	工艺品	gōng yì pǐn	handicrafts
695	公正	gōng zhèng	just; fair; impartial
696	公证	gōng zhèng	notarisation
697	巩固	gǒng gù	consolidate; strengthen; solidify
698	共和国	gòng hé guó	republic
699	共计	gòng jì	altogether; grand total
700	共鸣	gòng míng	resonate; sympathetic response

序号	词语	拼音	翻译
701	勾结	gōu jié	collude with; in league with; be hand and glove with
702	钩子	gōu zi	hook; hanger
703	构思	gòu sī	work out the plot of a literary work or the composition of a painting; conception; design
704	孤独	gū dú	lonely; lonesome
705	辜负	gū fù	let down; fail to live up to; be unworthy of
706	孤立	gū lì	isolated; solitary; separate
707	姑且	gū qiě	tentatively; for the moment
708	股东	gǔ dōng	shareholder
709	古董	gǔ dǒng	antique; curio
710	鼓动	gǔ dòng	promote; agitate
711	股份	gǔ fèn	share; stock
712	骨干	gǔ gàn	backbone; mainstay
713	古怪	gǔ guài	eccentric; odd; quaint
714	顾虑	gù lǜ	misgiving; apprehension; scruple
715	固然	gù rán	no doubt; it is true
716	顾问	gù wèn	advisor; consultant
717	故乡	gù xiāng	native place; hometown; birthplace
718	固有	gù yǒu	intrinsic; inherent; innate
719	故障	gù zhàng	hitch; breakdown; fault
720	固执	gù zhi	obstinate; stubborn
721	拐杖	guǎi zhàng	crutch; walking stick
722	官方	guān fāng	of/by the government; official
723	观光	guān guāng	go sightseeing; visit; tour
724	关照	guān zhào	look after; keep an eye on
725	管辖	guǎn xiá	have jurisdiction over; administer
726	罐	guàn	jar; pot; tank
727	贯彻	guàn chè	carry out; implement; put into effect
728	灌溉	guàn gài	irrigate; watering
729	惯例	guàn lì	convention; usual practice; custom
730	光彩	guāng cǎi	lustre; splendour; radiance
731	光辉	guāng huī	brilliance; glory; radiance
732	光芒	guāng máng	rays of light
733	广阔	guǎng kuò	vast; spacious; expansive

序号	词语	拼音	翻译
734	规范	guī fàn	standard; norm; specification
735	规格	guī gé	specifications; norms; standards
736	归根到底	guī gēn dào dǐ	in the final analysis; in the long run
737	规划	guī huà	planning; programming; project
738	归还	guī huán	return; revert; send back
739	归纳	guī nà	induce; conclude; sum up
740	规章	guī zhāng	rules; regulations
741	轨道	guǐ dào	track; pathway
742	跪	guì	kneel (down)
743	贵族	guì zú	aristocrat; nobility
744	棍棒	gùn bàng	club; cudgel; bludgeon
745	国防	guó fáng	national defense
746	国务院	guó wù yuàn	State Council
747	果断	guǒ duàn	resolute; decisive
748	过渡	guò dù	transit
749	过度	guò dù	excessive; over; undue
750	过奖	guò jiǎng	overpraise; undeserved compliment
751	过滤	guò lǜ	filter; screen
752	过失	guò shī	fault; error; misconduct
753	过问	guò wèn	concern oneself with; take an interest in
754	过瘾	guò yǐn	satisfy a craving; do something to one's heart's content
755	过于	guò yú	too; unduly; excessively
756	嗨	hāi	[sound used in lyrics for balance or euphony]
757	海拔	hǎi bá	height; elevation
758	海滨	hǎi bīn	seashore; strand
759	含糊	hán hu	ambiguous; vague
760	寒暄	hán xuān	exchange conventional greetings
761	含义	hán yì	meaning; implication
762	罕见	hǎn jiàn	seldom seen; rare
763	捍卫	hàn wèi	defend; guard; protect
764	航空	háng kōng	aviation
765	行列	háng liè	ranks
766	航天	háng tiān	space flight; aerospace
767	航行	háng xíng	navigate by water/air; sail
768	豪迈	háo mài	bold and generous

序号	词语	拼音	翻译
769	毫米	háo mǐ	millimetre
770	毫无	háo wú	none; not in the least
771	耗费	hào fèi	consume; expend; cost
772	好客	hào kè	be hospitable
773	号召	hào zhào	call; appeal
774	呵	hē	breathe out; oh
775	和蔼	hé ǎi	kindly; affable; amiable
776	合并	hé bìng	merge; amalgamate; combine
777	合成	hé chéng	compose; compound; synthetise
778	合乎	hé hū	conform to; correspond to; tally with
779	合伙	hé huǒ	partnership; form a partnership
780	和解	hé jiě	compromise; conciliate; reconcile
781	和睦	hé mù	harmony; amity
782	和气	hé qi	gentle; kind; polite
783	合身	hé shēn	fit
784	合算	hé suàn	cost-effective
785	和谐	hé xié	harmonious; melodious; tuneful
786	嘿	hēi	hey
787	痕迹	hén jì	mark; vestige; impression
788	狠心	hěn xīn	ruthless
789	恨不得	hèn bu dé	very anxious to; how one wishes one could
790	哼	hēng	humph; tut
791	哄	hōng	roars of laughter; clamour
792	烘	hōng	dry or warm by the fire
793	轰动	hōng dòng	cause a sensation; create quite a stir
794	红包	hóng bāo	red envelopes/packets
795	宏观	hóng guān	macroscopic view
796	洪水	hóng shuǐ	flood; deluge
797	宏伟	hóng wěi	magnificent; grand
798	喉咙	hóu lóng	throat; gullet
799	吼	hǒu	roar; howl
800	后代	hòu dài	later generations
801	后顾之忧	hòu gù zhī yōu	worry about things back home
802	后面	hòu miàn	at the back; behind; later
803	后勤	hòu qín	logistics
804	候选	hòu xuǎn	be a candidate; run for office

序号	词语	拼音	翻译
805	忽略	hū luè	ignore; lose sight of; neglect
806	呼啸	hū xiào	whistle; howl; scream
807	呼吁	hū yù	appeal; call on
808	胡乱	hú luàn	carelessly; casually; at random
809	湖泊	hú pō	lake
810	互联网	hù lián wǎng	Internet
811	华丽	huá lì	magnificent; resplendent; gorgeous
812	华侨	huá qiáo	overseas Chinese; Chinese people living abroad
813	化肥	huà féi	chemical fertiliser
814	划分	huà fēn	divide; partition
815	画蛇添足	huà shé tiān zú	draw a snake and add feet to it
816	化石	huà shí	fossil
817	话筒	huà tǒng	microphone; megaphone
818	化验	huà yàn	chemical examination; laboratory test
819	化妆	huà zhuāng	make up; apply cosmetics
820	怀孕	huái yùn	be pregnant; conceive
821	欢乐	huān lè	happy; joyous
822	环节	huán jié	link; segment
823	还原	huán yuán	return to the original condition or shape; restore
824	缓和	huǎn hé	relax; calm; ease up
825	患者	huàn zhě	patient; sufferer
826	荒凉	huāng liáng	bleak and desolate; wild
827	慌忙	huāng máng	in a great rush; in a flurry; hurriedly
828	荒谬	huāng miù	absurd; preposterous
829	荒唐	huāng táng	absurd; fantastic; preposterous
830	黄昏	huáng hūn	dusk
831	恍然大悟	huǎng rán dà wù	be suddenly enlightened
832	辉煌	huī huáng	splendid; glorious; magnificent
833	挥霍	huī huò	spend lavishly; squander
834	回报	huí bào	bring back a report
835	回避	huí bì	avoid; dodge; evade
836	回顾	huí gù	look back; review; retrospect
837	回收	huí shōu	retrieve; recover; reclaim
838	悔恨	huǐ hèn	regret deeply; be bitterly remorseful
839	毁灭	huǐ miè	destroy; exterminate; ruin

序号	词语	拼音	翻译
840	汇报	huì bào	report; give an account of
841	贿赂	huì lù	bribe; bribery
842	会晤	huì wù	meet
843	昏迷	hūn mí	stupor; coma
844	浑身	hún shēn	from head to toe; all over
845	混合	hùn hé	mix; blend; mingle
846	混乱	hùn luàn	confusion
847	混淆	hùn xiáo	confound; obscure; blur
848	混浊	hùn zhuó	muddy; turbid
849	活该	huó gāi	deservedly
850	活力	huó lì	vigour; vitality
851	火箭	huǒ jiàn	rocket; fire arrow
852	火焰	huǒ yàn	flame; blaze
853	火药	huǒ yào	gunpowder
854	货币	huò bì	money; currency
855	或许	huò xǔ	perhaps; maybe
856	基地	jī dì	base
857	机动	jī dòng	motor-driven; motorised
858	饥饿	jī è	hunger; starvation
859	激发	jī fā	arouse; stimulate; stir up
860	机构	jī gòu	mechanism; organisation; institution
861	机关	jī guān	mechanism; gear; machine-operated
862	基金	jī jīn	foundation; fund
863	激励	jī lì	encourage; impel; urge
864	机灵	jī ling	clever; smart; intelligent
865	机密	jī mì	secret; classified; confidential
866	激情	jī qíng	intense emotion; fervour; passion
867	讥笑	jī xiào	ridicule; sneer at; deride
868	机械	jī xiè	machinery; mechanism; mechanical
869	基因	jī yīn	gene
870	机遇	jī yù	favourable circumstances; opportunity; chance
871	机智	jī zhì	quick-witted; resourceful
872	即便	jí biàn	even if; even though
873	级别	jí bié	rank; level; grade

序号	词语	拼音	翻译
874	疾病	jí bìng	disease; illness; sickness
875	嫉妒	jí dù	be jealous of; envy
876	极端	jí duān	extremes; exceeding; pole
877	急功近利	jí gōng jìn lì	eager for quick success and instant benefits
878	籍贯	jí guàn	the place of one's birth
879	即将	jí jiāng	be about to; be on the point of
880	急剧	jí jù	rapid; sharp; sudden
881	急切	jí qiè	eager;urgent; imperative
882	集团	jí tuán	group; clique; circle
883	极限	jí xiàn	limit; the maximum; the ultimate
884	吉祥	jí xiáng	lucky; auspicious; propitious
885	急于求成	jí yú qiú chéng	be anxious for success
886	及早	jí zǎo	at an early date; as soon as possible; before it is too late
887	急躁	jí zào	irritable; irascible; testy
888	给予	jǐ yǔ	rendition
889	继承	jì chéng	inherit; succeed; carry on
890	季度	jì dù	quarter
891	忌讳	jì huì	taboo
892	计较	jì jiào	bother about; haggle over
893	寂静	jì jìng	quiet; still; silent
894	季军	jì jūn	third place
895	技能	jì néng	technical ability; skill
896	技巧	jì qiǎo	skill; technique
897	寄托	jì tuō	entrust to the care of somebody; leave with somebody
898	继往开来	jì wǎng kāi lái	carry forward a cause pioneered by one's predecessors and forge ahead into the future
899	迹象	jì xiàng	sign; token; indication
900	记性	jì xing	memory
901	纪要	jì yào	summary; minutes
902	记载	jì zǎi	put down in writing; record
903	家常	jiā cháng	the daily life of a family
904	加工	jiā gōng	process; machining; handling
905	家伙	jiā huo	tool; utensil; livestock
906	加剧	jiā jù	aggravate; intensify; exacerbate

序号	词语	拼音	翻译
907	家属	jiā shǔ	family members; dependents
908	佳肴	jiā yáo	delicacies
909	家喻户晓	jiā yù hù xiǎo	make known to every family; be known by one and all
910	夹杂	jiā zá	be mixed up with
911	假设	jiǎ shè	suppose; assume; presume
912	假使	jiǎ shǐ	if; in case; in the event that
913	坚定	jiān dìng	firm; staunch; steadfast
914	监督	jiān dū	supervise; control; monitor
915	尖端	jiān duān	pointed end; nib
916	坚固	jiān gù	firm; solid; sturdy
917	艰难	jiān nán	difficult; hard; arduous
918	坚韧	jiān rèn	tough and tensile; firm and tenacious
919	坚实	jiān shí	solid; substantial; staunch
920	监视	jiān shì	keep watch over; guard; monitor
921	坚硬	jiān yìng	hard; solid; rigidity
922	监狱	jiān yù	prison; jail
923	兼职	jiān zhí	hold two or more posts concurrently; part-time job
924	拣	jiǎn	choose; select; pick out
925	剪彩	jiǎn cǎi	cut the ribbon at an opening ceremony
926	简化	jiǎn huà	simplify
927	简陋	jiǎn lòu	simple and crude
928	检讨	jiǎn tǎo	self-criticism
929	简体字	jiǎn tǐ zì	simplified Chinese character
930	检验	jiǎn yàn	checkout; examine; inspect
931	简要	jiǎn yào	concise and to the point; brief
932	溅	jiàn	splash; spatter
933	鉴别	jiàn bié	distinguish; discriminate; discern
934	间谍	jiàn dié	spy; secret agent
935	鉴定	jiàn dìng	appraise; identify; authenticate
936	见多识广	jiàn duō shí guǎng	have great experience
937	间隔	jiàn gé	interval; space
938	间接	jiàn jiē	secondhand; indirect
939	见解	jiàn jiě	view; opinion; understanding
940	健全	jiàn quán	sound; sane; perfect

序号	词语	拼音	翻译
941	践踏	jiàn tà	tread on; trample underfoot
942	舰艇	jiàn tǐng	naval craft
943	见闻	jiàn wén	what one sees and hears
944	见义勇为	jiàn yì yǒng wéi	act bravely for a just cause
945	鉴于	jiàn yú	in view of; in the light of; seeing that
946	将近	jiāng jìn	be close to; almost; nearby
947	将军	jiāng jūn	general; admiral
948	僵硬	jiāng yìng	stiff; rigid; inflexible
949	桨	jiǎng	oar; paddle; propeller
950	奖励	jiǎng lì	encourage and reward; award; reward
951	奖赏	jiǎng shǎng	award; reward
952	降临	jiàng lín	befall; arrive
953	交叉	jiāo chā	intersect; cross
954	交代	jiāo dài	hand over; transfer
955	焦点	jiāo diǎn	focal point; central issue
956	焦急	jiāo jí	anxious; worried
957	娇气	jiāo qì	squeamish; finicky
958	交涉	jiāo shè	negotiate
959	交往	jiāo wǎng	be in contact with; associate with
960	交易	jiāo yì	business; deal
961	搅拌	jiǎo bàn	stir; whip; agitate
962	角落	jiǎo luò	corner; nook; secluded place
963	缴纳	jiǎo nà	pay (taxes; fine etc)
964	较量	jiào liàng	measure one's strength with; have a contest
965	教养	jiào yǎng	bring up; train; educate
966	皆	jiē	all; each and every
967	阶层	jiē céng	section; rank; stratum
968	揭发	jiē fā	expose; unmask; bring to light
969	接连	jiē lián	in a row; in succession
970	揭露	jiē lù	expose
971	杰出	jié chū	outstanding; distinguished; prominent
972	结果	jié guǒ	result; outcome; fruit
973	竭尽全力	jié jìn quán lì	strain every nerve; do all in one's power; do everything one can

序号	词语	拼音	翻译
974	结晶	jié jīng	crystallise; fruit
975	结局	jié jú	final result; outcome; ending
976	结算	jié suàn	settle accounts; close an account
977	截至	jié zhì	by; up to; as of
978	节奏	jié zòu	rhythm
979	解除	jiě chú	remove; get rid of
980	解雇	jiě gù	dismiss; fire; lay off
981	解剖	jiě pōu	dissect; anatomy
982	解散	jiě sàn	dismiss
983	解体	jiě tǐ	disintegrate; break up; dismantle
984	戒备	jiè bèi	guard; take precautions; be on the alert
985	借鉴	jiè jiàn	use for reference; draw lessons from; draw on the experience of
986	界限	jiè xiàn	dividing line; limits; bounds
987	借助	jiè zhù	draw support from; with the help of
988	津津有味	jīn jīn yǒu wèi	eat with a gusto; find very interesting
989	金融	jīn róng	finance; banking
990	尽快	jǐn kuài	as quickly as possible
991	尽量	jǐn liàng	to the best of one's ability; as far as possible
992	紧密	jǐn mì	close together; inseparable
993	紧迫	jǐn pò	urgent; pressing; imminent
994	锦绣前程	jǐn xiù qián chéng	bright prospect; glorious future
995	进而	jìn ér	and then
996	进攻	jìn gōng	attack; assault; offensive
997	进化	jìn huà	evolution
998	近来	jìn lái	recently; lately
999	浸泡	jìn pào	soak; bath; immerse
1000	晋升	jìn shēng	promote to a higher office
1001	近视	jìn shì	short-sighted
1002	劲头	jìn tóu	strength; energy
1003	进展	jìn zhǎn	evolve; make headway
1004	茎	jīng	stem; stalk
1005	精打细算	jīng dǎ xì suàn	calculate very carefully; budget strictly
1006	惊动	jīng dòng	startle; alarm; shock

序号	词语	拼音	翻译
1007	经费	jīng fèi	funds; outlay
1008	精华	jīng huá	essence; best feature; soul
1009	精简	jīng jiǎn	simplify; cut; reduce
1010	兢兢业业	jīng jīng yè yè	be conscientious and do one's best
1011	精密	jīng mì	precise; accurate
1012	惊奇	jīng qí	wonder; be surprised; be amazed
1013	精确	jīng què	accurate; exact; precise
1014	经商	jīng shāng	engage in trade; be in business
1015	精通	jīng tōng	be proficient in; have a good command of; master
1016	经纬	jīng wěi	longitude and latitude; logical planning; state of affairs; manage
1017	精心	jīng xīn	meticulously; painstakingly
1018	惊讶	jīng yà	surprised; amazed; astonished
1019	精益求精	jīng yì qiú jīng	constantly striving for perfection
1020	精致	jīng zhì	fine; exquisite; delicate
1021	井	jǐng	well (for drawing water)
1022	警告	jǐng gào	warn; caution; admonish
1023	警惕	jǐng tì	be on guard against; watch out for
1024	颈椎	jǐng zhuī	cervical vertebra [bones in the neck]
1025	境界	jìng jiè	boundary; extent reached
1026	敬礼	jìng lǐ	salute; extend one's greetings
1027	竞赛	jìng sài	contest; competition; race
1028	镜头	jìng tóu	camera lens
1029	竞选	jìng xuǎn	enter into an election contest; campaign for; run for
1030	纠纷	jiū fēn	dispute; issue
1031	纠正	jiū zhèng	correct; put right; redress
1032	酒精	jiǔ jīng	alcohol
1033	救济	jiù jì	relief; succour
1034	就近	jiù jìn	nearby; in the neighbourhood; without having to go far
1035	就业	jiù yè	obtain employment; get a job
1036	就职	jiù zhí	assume office
1037	鞠躬	jū gōng	bow
1038	拘留	jū liú	detain; hold in custody; intern
1039	拘束	jū shù	restrain; restrict

序号	词语	拼音	翻译
1040	居住	jū zhù	live; reside; dwell
1041	局部	jú bù	part; locality
1042	局面	jú miàn	aspect; phase; situation
1043	局势	jú shì	situation
1044	局限	jú xiàn	limit; confine; localisation
1045	举动	jǔ dòng	movement; activity
1046	咀嚼	jǔ jué	chew; mull over
1047	沮丧	jǔ sàng	dispirited; dejected; disheartened
1048	举世闻名	jǔ shì wén míng	be world famous
1049	举世瞩目	jǔ shì zhǔ mù	attract worldwide attention
1050	举足轻重	jǔ zú qīng zhòng	play a decisive role; hold the balance of power
1051	剧本	jù běn	play; script
1052	聚精会神	jù jīng huì shén	concentrate one's attention on; be absorbed
1053	剧烈	jù liè	violent; acute; severe
1054	据悉	jù xī	it is reported; by report
1055	决策	jué cè	make a strategic decision; decide a policy
1056	绝望	jué wàng	give up all hope; despair
1057	觉悟	jué wù	consciousness; awareness; understanding
1058	觉醒	jué xǐng	awaken
1059	军队	jūn duì	armed forces; troops
1060	卡通	kǎ tōng	cartoon
1061	开采	kāi cǎi	mine; extract; exploit
1062	开除	kāi chú	expel; discharge; dismiss
1063	开阔	kāi kuò	open; tolerant; generous in thoughts
1064	开朗	kāi lǎng	open and clear
1065	开明	kāi míng	enlightened; liberal; open-minded
1066	开辟	kāi pì	open up; hew out
1067	开水	kāi shuǐ	boiling water
1068	开拓	kāi tuò	open up; reclaim; extension
1069	开展	kāi zhǎn	develop; launch; unfold
1070	开支	kāi zhī	pay; spend; expenditure
1071	刊登	kān dēng	publish; carry
1072	勘探	kān tàn	prospect; reconnaissance
1073	刊物	kān wù	publication; journal; periodical

序号	词语	拼音	翻译
1074	看待	kàn dài	look upon; regard; treat
1075	看来	kàn lái	it appears; looks likely; most probably
1076	看望	kàn wàng	call on; visit
1077	慷慨	kāng kǎi	vehement; fervent
1078	扛	káng	lift with both hands; carry on the shoulder
1079	考察	kǎo chá	inspect; investigate
1080	考古	kǎo gǔ	archaeology
1081	考核	kǎo hé	examine; appraise; assess
1082	考验	kǎo yàn	test; trial; ordeal
1083	靠拢	kào lǒng	draw close to; approach
1084	磕	kē	knock; knock something out of a vessel/container etc
1085	颗粒	kē lì	pellet; bead; [anything small and roundish]
1086	科目	kē mù	subject; course
1087	可观	kě guān	considerable; impressive; sizable
1088	可口	kě kǒu	good to eat; tasty
1089	渴望	kě wàng	fall over oneself; dying to; thirst for
1090	可恶	kě wù	hateful; detestable; loathsome
1091	可笑	kě xiào	laughable; ridiculous; ludicrous; funny
1092	可行	kě xíng	feasible; practicable; workable
1093	刻不容缓	kè bù róng huǎn	admit no delay; of great urgency
1094	客户	kè hù	customer; client
1095	课题	kè tí	a question for study or discussion
1096	啃	kěn	gnaw
1097	恳切	kěn qiè	earnest; sincere
1098	坑	kēng	pit
1099	空洞	kōng dòng	cavity; void; hollow
1100	空前绝后	kōng qián jué hòu	unsurpassed; never known before and never to occur again
1101	空想	kōng xiǎng	daydream; fantasy
1102	空虚	kōng xū	hollow; void
1103	孔	kǒng	hole
1104	恐吓	kǒng hè	threaten; intimidate; menace
1105	恐惧	kǒng jù	fear; dread; be afraid of

序号	词语	拼音	翻译
1106	空白	kòng bái	blank space; gap; margin
1107	空隙	kòng xì	interval; gap; space
1108	口气	kǒu qì	tone; note
1109	口腔	kǒu qiāng	oral cavity; mouth
1110	口头	kǒu tóu	oral; verbal; in speech
1111	口音	kǒu yīn	voice
1112	枯竭	kū jié	dried up; exhausted
1113	枯燥	kū zào	dull and dry; uninteresting; monotonous
1114	苦尽甘来	kǔ jìn gān lái	all sufferings have their reward; after the bitter comes the sweet
1115	挎	kuà	carry on the arm/over one's shoulder/at one's side
1116	跨	kuà	step; stride; straddle
1117	快活	kuài huo	happy; cheerful; joyful
1118	宽敞	kuān chang	spacious; roomy
1119	款待	kuǎn dài	entertain with courtesy and warmth
1120	款式	kuǎn shì	model; style; design
1121	筐	kuāng	basket; basketful
1122	框架	kuàng jià	frame
1123	旷课	kuàng kè	play truant; absent from school without permission
1124	况且	kuàng qiě	moreover; besides; in addition
1125	亏待	kuī dài	treat unfairly
1126	亏损	kuī sǔn	loss; deficit
1127	昆虫	kūn chóng	insect
1128	捆绑	kǔn bǎng	truss up; tie up; bind
1129	扩充	kuò chōng	expand; augment; enlarge
1130	扩散	kuò sàn	spread; diffuse; scatter about
1131	扩张	kuò zhāng	expand; enlarge; extend
1132	啦	lā	[indicates excitement or doubt]
1133	喇叭	lǎ ba	loudspeaker; trumpet; horn
1134	来历	lái lì	origin; source; background
1135	来源	lái yuán	source; origin
1136	栏目	lán mù	the heading or title of a column
1137	懒惰	lǎn duò	lazy; idle
1138	狼狈	láng bèi	in a difficult position; in a tight corner

序号	词语	拼音	翻译
1139	朗读	lǎng dú	read aloud; read loudly and clearly
1140	捞	lāo	fish for; scoop up; dredge out
1141	唠叨	láo dao	chatter
1142	牢固	láo gù	firm; secure
1143	牢骚	láo sāo	complaint; grievance
1144	乐趣	lè qù	delight; pleasure
1145	乐意	lè yì	be happy to
1146	雷达	léi dá	radar
1147	类似	lèi sì	like; similar; analagous
1148	冷淡	lěng dàn	treat coldly; give the cold shoulder to
1149	冷酷	lěng kù	unfeeling; callous; grim
1150	冷却	lěng què	cooling; burial
1151	愣	lèng	absent-minded; distracted; rashly
1152	黎明	lí míng	dawn; daybreak
1153	理睬	lǐ cǎi	pay attention to; show interest in; take notice of
1154	里程碑	lǐ chéng bēi	milestone
1155	礼节	lǐ jié	courtesy; etiquette; protocol; ceremony
1156	理所当然	lǐ suǒ dāng rán	naturally; in very nature of things; it's only right and proper
1157	理直气壮	lǐ zhí qì zhuàng	be bold and straight; be courageous with sufficient reason
1158	理智	lǐ zhì	reason; intellect
1159	立场	lì chǎng	position; standpoint
1160	历代	lì dài	successive dynasties; past dynasties
1161	利害	lì hài	formidable
1162	立交桥	lì jiāo qiáo	viaduct; overpass; flyover
1163	历来	lì lái	always; constantly
1164	利率	lì lǜ	interest rate
1165	力所能及	lì suǒ néng jí	do everything in one's power
1166	立体	lì tǐ	solid; three-dimensional
1167	力图	lì tú	try hard to; strive to
1168	例外	lì wài	exception
1169	力争	lì zhēng	work hard for; do all one can to
1170	立足	lì zú	have/keep a foothold somewhere
1171	联欢	lián huān	have a get-together

序号	词语	拼音	翻译
1172	廉洁	lián jié	honest; with clean hands
1173	联络	lián luò	communicate; contact; get in touch with
1174	联盟	lián méng	alliance; coalition; league
1175	连年	lián nián	in consecutive years; for years on end
1176	连锁	lián suǒ	chain
1177	连同	lián tóng	together with; along with
1178	联想	lián xiǎng	associate; connect in the mind
1179	良心	liáng xīn	conscience
1180	晾	liàng	dry in the air/sun
1181	谅解	liàng jiě	understand; make allowance for
1182	辽阔	liáo kuò	vast; extensive
1183	列举	liè jǔ	list; enumerate
1184	淋	lín	filter; strain
1185	临床	lín chuáng	clinical
1186	吝啬	lìn sè	stingy; miserly; mean
1187	凌晨	líng chén	in the small hours; before dawn
1188	灵感	líng gǎn	inspiration
1189	灵魂	líng hún	soul; spirit
1190	伶俐	líng lì	clever; quick-witted; smart
1191	灵敏	líng mǐn	sensitive; keen; agile
1192	零星	líng xīng	fragmentary; piecemeal; a small amount
1193	领会	lǐng huì	understand; comprehend; grasp
1194	领事馆	lǐng shì guǎn	consulate
1195	领土	lǐng tǔ	territory
1196	领悟	lǐng wù	comprehend; grasp; understand
1197	领先	lǐng xiān	(be in the) lead
1198	领袖	lǐng xiù	leader
1199	溜	liū	swift current; turbulent flow; rainwater from the roof; plaster
1200	流浪	liú làng	roam about; lead a vagrant life
1201	留恋	liú liàn	be reluctant to leave; can't bear to part
1202	流露	liú lù	reveal; betray; show unintentionally
1203	流氓	liú máng	rogue; hoodlum; ruffian
1204	留念	liú niàn	accept as a souvenir

序号	词语	拼音	翻译
1205	留神	liú shén	be careful; take care; keep one's eyes peeled
1206	流通	liú tōng	circulate
1207	聋哑	lóng yǎ	deaf and dumb; deaf-mute
1208	隆重	lóng zhòng	grand; solemn; ceremonious
1209	垄断	lǒng duàn	monopolise; forestall
1210	笼罩	lǒng zhào	envelop; shroud
1211	搂	lǒu	gather up; rake together; hold up
1212	炉灶	lú zào	(kitchen/cooking) range
1213	掠夺	luè duó	plunder; rob; pillage
1214	略微	luè wēi	slightly; a little; somewhat
1215	轮船	lún chuán	(steam) ship
1216	轮廓	lún kuò	outline; contour profile
1217	轮胎	lún tāi	tyre
1218	论坛	lùn tán	forum
1219	论证	lùn zhèng	demonstration; proof
1220	啰唆	luō suo	talkative; long-winded; fussy
1221	螺丝钉	luó sī dīng	screw [in construction]
1222	落成	luò chéng	completion
1223	落实	luò shí	practicable; workable
1224	络绎不绝	luò yì bù jué	come and go in a continuous stream
1225	屡次	lǚ cì	time and again; repeatedly
1226	履行	lǚ xíng	perform; fulfil; carry out
1227	麻痹	má bì	paralysis; palsy
1228	麻木	má mù	numb
1229	麻醉	má zuì	anaesthesia; narcosis
1230	码头	mǎ tóu	wharf; dock; pier
1231	嘛	ma	[indicates that something is obvious; calls for the listener's attention]
1232	埋伏	mái fú	ambush; lie in wait
1233	埋没	mái mò	bury; cover up
1234	埋葬	mái zàng	bury
1235	迈	mài	step; stride
1236	脉搏	mài bó	pulse
1237	埋怨	mán yuàn	complain; blame; grumble
1238	漫长	màn cháng	very long; endless
1239	漫画	màn huà	cartoon; caricature; comic

序号	词语	拼音	翻译
1240	慢性	màn xìng	slow in taking effect; chronic
1241	蔓延	màn yán	spread; stretch; extend
1242	忙碌	máng lù	be busy; bustle about; be on the go
1243	茫茫	máng máng	boundless; vast
1244	盲目	máng mù	blind
1245	茫然	máng rán	ignorant; vacant; in the dark
1246	冒充	mào chōng	pretend to be; pass somebody or something off as
1247	茂盛	mào shèng	luxuriant; flourishing; exuberant
1248	枚	méi	trunk; horse whip; gag
1249	媒介	méi jiè	intermediary; medium; vehicle
1250	媒体	méi tǐ	media
1251	没辙	méi zhé	can find no way out; be at the end of one's rope; hopeless
1252	美观	měi guān	pleasing to the eye; beautiful
1253	美满	měi mǎn	happy; satisfied; blissful
1254	美妙	měi miào	beautiful; splendid; wonderful
1255	门诊	mén zhěn	outpatient clinic
1256	蒙	méng	cover; come under; ignorance
1257	萌芽	méng yá	sprout; shoot; bud
1258	猛烈	měng liè	fierce; violent; vigorous
1259	梦想	mèng xiǎng	hope vainly; pipe dream
1260	眯	mī	get into one's eyes
1261	弥补	mí bǔ	make up; remedy; make good
1262	迷惑	mí huò	puzzle; confuse; perplex
1263	弥漫	mí màn	suffuse; pervade; fill the air
1264	迷人	mí rén	charming; fascinating; enchanting
1265	迷失	mí shī	lose
1266	迷信	mí xìn	superstition
1267	密度	mì dù	density; thickness
1268	密封	mì fēng	seal (eg. airtight; hermetically)
1269	免得	miǎn de	so as not to; so as to avoid
1270	勉励	miǎn lì	encourage
1271	勉强	miǎn qiǎng	manage with an effort; do with difficulty
1272	免疫	miǎn yì	immunisation
1273	面貌	miàn mào	face; features; looks
1274	面子	miàn zi	face; reputation

序号	词语	拼音	翻译
1275	描绘	miáo huì	describe; display; depict
1276	渺小	miǎo xiǎo	tiny; negligible; insignificant
1277	蔑视	miè shì	despise; show contempt for; scorn
1278	灭亡	miè wáng	be destroyed; become extinct; die out
1279	民间	mín jiān	among the people; popular; folk
1280	民用	mín yòng	for civil use; civil
1281	敏感	mǐn gǎn	sensitive; susceptible; tactful
1282	敏捷	mǐn jié	quick; nimble; agile
1283	敏锐	mǐn ruì	sharp; acute; keen
1284	名次	míng cì	placing (eg in a competition); ranking
1285	名额	míng é	quota (of people); [the number of people assigned or allowed]
1286	名副其实	míng fù qí shí	be worthy of the name; be worthy of one's reputation
1287	明明	míng míng	obviously; undoubtedly; plainly
1288	名誉	míng yù	fame; reputation; honorary
1289	命名	mìng míng	nominate; nomenclature
1290	摸索	mō suo	grope; feel about; fumble
1291	膜	mó	membrane; film; thin coating
1292	摩擦	mó cā	rub; chafe; friction
1293	模范	mó fàn	an exemplary person or thing; model; fine example
1294	魔鬼	mó guǐ	devil; demon; monster
1295	磨合	mó hé	grinding-in
1296	模式	mó shì	model; mode; type
1297	魔术	mó shù	magic
1298	模型	mó xíng	model; pattern; mould
1299	抹杀	mǒ shā	blot out; obliterate; write off
1300	莫名其妙	mò míng qí miào	be baffled; be in a fog
1301	默默	mò mò	quietly; silently
1302	墨水儿	mò shuǐ er	ink
1303	谋求	móu qiú	seek; strive for
1304	模样	mú yàng	appearance; look
1305	母语	mǔ yǔ	mother tongue
1306	目睹	mù dǔ	see with one's own eyes; witness
1307	目光	mù guāng	sight; vision; view

序号	词语	拼音	翻译
1308	沐浴	mù yù	have a bath
1309	拿手	ná shǒu	adept; expert; good at
1310	纳闷儿	nà mèn er	feel puzzled; be perplexed
1311	耐用	nài yòng	durable; stand wear and tear
1312	难得	nán dé	hard to come by; rare
1313	难堪	nán kān	intolerable; unbearable
1314	难免	nán miǎn	hard to avoid
1315	难能可贵	nán néng kě guì	deserving praise for one's excellent performance or behaviour; estimable
1316	恼火	nǎo huǒ	annoyed; irritated; vexed
1317	内涵	nèi hán	connotation; implication
1318	内幕	nèi mù	what goes on behind the scenes; inside story
1319	内在	nèi zài	inherent; intrinsic
1320	能量	néng liàng	amount of energy
1321	嗯	ng	huh; yeah
1322	拟定	nǐ dìng	draft; draw up; work out
1323	年度	nián dù	year
1324	捏	niē	hold between the fingers; pinch
1325	拧	níng	twist; wring; tweak
1326	凝固	níng gù	solidify
1327	凝聚	níng jù	condense; coagulate; accumulate
1328	凝视	níng shì	stare; gaze fixedly
1329	宁肯	nìng kěn	would rather
1330	宁愿	nìng yuàn	would rather; better
1331	纽扣儿	niǔ kòu er	button
1332	扭转	niǔ zhuǎn	turn round; reverse
1333	浓厚	nóng hòu	dense; deep; strong
1334	农历	nóng lì	[the traditional Chinese (agricultural/lunar) calendar]
1335	奴隶	nú lì	slave
1336	挪	nuó	move; shift
1337	虐待	nüè dài	maltreat; ill-treat; tyrannise
1338	哦	ò	softly chant
1339	殴打	ōu dǎ	beat up; hit
1340	欧洲	ōu zhōu	Europe
1341	呕吐	ǒu tù	vomit; throw up; retch

序号	词语	拼音	翻译
1342	趴	pā	lie on one's stomach
1343	排斥	pái chì	repel; exclude; eject
1344	排除	pái chú	get rid of; remove; eliminate
1345	排放	pái fàng	discharge; issue
1346	徘徊	pái huái	pace up and down; linger about; hesitate
1347	派别	pài bié	faction; category
1348	派遣	pài qiǎn	send someone on mission; dispatch
1349	攀登	pān dēng	climb; clamber; scale
1350	盘旋	pán xuán	circle (around); spiral
1351	畔	pàn	side; bank; boundary
1352	判决	pàn jué	court decision; judgment
1353	庞大	páng dà	huge; enormous; massive
1354	抛弃	pāo qì	throw away; abandon; forsake
1355	泡沫	pào mò	foam; froth
1356	培训	péi xùn	training; cultivate
1357	培育	péi yù	cultivate; foster; raise
1358	配备	pèi bèi	allocate; provide; fit out
1359	配偶	pèi ǒu	spouse; partner; mate
1360	配套	pèi tào	form a complete set; complement
1361	盆地	pén dì	basin; saucer; bowl
1362	烹饪	pēng rèn	cooking; culinary art
1363	捧	pěng	hold or carry in both hands; boost; exalt
1364	劈	pī	split; chop; cleave
1365	批发	pī fā	wholesale; be authorised for dispatch
1366	批判	pī pàn	criticise; repudiate; critique
1367	疲惫	pí bèi	tired out; weary; exhausted
1368	皮革	pí gé	leather; hide
1369	疲倦	pí juàn	tired; weary; fatigued
1370	脾气	pí qi	temperament; disposition
1371	屁股	pì gu	buttocks; bottom; behind
1372	譬如	pì rú	for example; for instance; such as
1373	偏差	piān chā	deviation; offset; deflection
1374	偏见	piān jiàn	prejudice; bias
1375	偏僻	piān pì	remote; out-of-the-way; far-off
1376	偏偏	piān piān	deliberately; just; only

序号	词语	拼音	翻译
1377	片段	piàn duàn	part; fragment; extract
1378	片刻	piàn kè	an instant; a moment; a little while
1379	漂浮	piāo fú	float; superficial
1380	飘扬	piāo yáng	wave; flutter; fly
1381	拼搏	pīn bó	go all out in work; combat
1382	拼命	pīn mìng	risk one's life; desperately
1383	贫乏	pín fá	poor; meagre
1384	频繁	pín fán	frequently; often
1385	贫困	pín kùn	impoverished; poverty-stricken
1386	频率	pín lǜ	frequency; rate
1387	品尝	pǐn cháng	taste; sample
1388	品德	pǐn dé	moral character; morality
1389	品行	pǐn xíng	conduct; behaviour
1390	品质	pǐn zhì	character; quality
1391	平凡	píng fán	ordinary; common
1392	评估	píng gū	estimate; assess; appraise
1393	评论	píng lùn	comment on; discuss
1394	平面	píng miàn	plane; flat surface
1395	平坦	píng tǎn	even; smooth; level
1396	平行	píng xíng	on an equal footing; parallel; simultaneous
1397	平原	píng yuán	plain; flatlands
1398	屏障	píng zhàng	protective screen
1399	坡	pō	slope; slanting
1400	泼	pō	sprinkle; splash
1401	颇	pō	inclined to one side; oblique; quite
1402	迫不及待	pò bù jí dài	unable to hold oneself back; in haste
1403	迫害	pò hài	persecute; oppress cruelly
1404	魄力	pò lì	daring; courage
1405	破例	pò lì	break a rule; make an exception
1406	扑	pū	dedicate all one's energies to a cause
1407	铺	pū	spread; display; bed
1408	普及	pǔ jí	popularise; disseminate; universal
1409	朴实	pǔ shí	simple; plain
1410	瀑布	pù bù	waterfall; falls

序号	词语	拼音	翻译
1411	欺负	qī fu	browbeat; take advantage of; pick on
1412	凄凉	qī liáng	dreary; desolate; gloomy and forlorn
1413	欺骗	qī piàn	cheat; deceive; defraud
1414	期望	qī wàng	hope; expectation; wish
1415	期限	qī xiàn	time limit; allotted time; deadline
1416	奇妙	qí miào	marvellous; wonderful; intriguing
1417	旗袍	qí páo	chi-pao/cheongsam [a close-fitting woman's dress with high neck and slit skirt]
1418	齐全	qí quán	complete; ready
1419	歧视	qí shì	discriminate against
1420	齐心协力	qí xīn xié lì	make a concerted effort
1421	旗帜	qí zhì	banner; flag; colours
1422	起草	qǐ cǎo	draft; draw up; write out
1423	启程	qǐ chéng	set out; start on a journey
1424	起初	qǐ chū	originally; at first; in the beginning
1425	起伏	qǐ fú	rise and fall; ups and downs; undulate
1426	乞丐	qǐ gài	beggar
1427	起哄	qǐ hòng	gather together to stir up trouble
1428	起码	qǐ mǎ	elementary; rudimentary
1429	启事	qǐ shì	notice; announcement
1430	启示	qǐ shì	inspiration; enlightenment; revelation
1431	起义	qǐ yì	uprising; insurrection; revolt
1432	岂有此理	qǐ yǒu cǐ lǐ	there is no such a rule; absurd
1433	起源	qǐ yuán	origin; beginning
1434	器材	qì cái	equipment; material; apparatus
1435	气概	qì gài	mettle; spirit; heroic manner
1436	气功	qì gōng	qigong [a system of deep breathing exercises; breathing technique]
1437	器官	qì guān	organ; apparatus
1438	迄今为止	qì jīn wéi zhǐ	to this day; thus far; so far
1439	气魄	qì pò	boldness of vision; daring; courage
1440	气色	qì sè	complexion; colour
1441	气势	qì shì	momentum; imposing manner

序号	词语	拼音	翻译
1442	气味	qì wèi	smell; odour; flavour
1443	气象	qì xiàng	meteorology; atmosphere
1444	气压	qì yā	pressure; atmospheric pressure; gas pressure
1445	掐	qiā	pinch; nip; clutch
1446	恰当	qià dàng	suitable; fitting; appropriate
1447	恰到好处	qià dào hǎo chù	be just perfect; be to the point; just right
1448	恰巧	qià qiǎo	fortunately; as chance would have it
1449	洽谈	qià tán	make arrangements with; talk over with
1450	牵扯	qiān chě	involve; implicate; drag into
1451	签订	qiān dìng	conclude and sign (a treaty etc)
1452	千方百计	qiān fāng bǎi jì	make every attempt to; use every means to
1453	迁就	qiān jiù	yield to; give in to
1454	签署	qiān shǔ	sign (an agreement)
1455	迁徙	qiān xǐ	move; migrate
1456	谦逊	qiān xùn	modest; unassuming
1457	牵制	qiān zhì	pin down; tie up
1458	前景	qián jǐng	foreground; prospect; vista
1459	潜力	qián lì	latent capacity; potential
1460	潜水	qián shuǐ	go under water; dive; ground water
1461	前提	qián tí	premise
1462	潜移默化	qián yí mò huà	exert a subtle influence on somebody's character
1463	谴责	qiǎn zé	condemn; blame; denounce
1464	抢劫	qiāng jié	rob; loot; plunder
1465	强制	qiáng zhì	force; compel; coerce
1466	抢救	qiǎng jiù	rescue; save; salvage
1467	强迫	qiǎng pò	force; compel; impel
1468	桥梁	qiáo liáng	bridge; approach
1469	翘	qiào	stick up; bend upwards; curl up
1470	锲而不舍	qiè ér bù shě	keep on chipping away; work with perseverance
1471	切实	qiè shí	practical; feasible; realistic
1472	侵犯	qīn fàn	encroach on; infringe upon
1473	钦佩	qīn pèi	admire; respect; think highly of

序号	词语	拼音	翻译
1474	亲热	qīn rè	warm; affectionate
1475	亲身	qīn shēn	personal; firsthand
1476	勤俭	qín jiǎn	hardworking and thrifty
1477	勤恳	qín kěn	diligent and conscientious; earnestly and assiduously
1478	氢	qīng	hydrogen
1479	清澈	qīng chè	clear; limpid
1480	清晨	qīng chén	early morning
1481	清除	qīng chú	clean up; purge; reset
1482	轻而易举	qīng ér yì jǔ	as easy as ABC; can be easily done
1483	清洁	qīng jié	clean
1484	清理	qīng lǐ	put in order; disentangle
1485	倾听	qīng tīng	listen for; listen attentively to
1486	清晰	qīng xī	vivid; distinct; clear
1487	倾向	qīng xiàng	be inclined to; prefer
1488	倾斜	qīng xié	bias; tilt; lean
1489	清醒	qīng xǐng	clear-headed; sober; come to/round
1490	清真	qīng zhēn	Islamic; Muslim
1491	情报	qíng bào	intelligence; information
1492	情节	qíng jié	plot; story; details of a case
1493	晴朗	qíng lǎng	fine and cloudless
1494	情理	qíng lǐ	reason; sense
1495	情形	qíng xíng	circumstances; situation; state of affairs
1496	请柬	qǐng jiǎn	invitation card
1497	请教	qǐng jiào	ask for advice; consult
1498	请示	qǐng shì	request/ask for instructions
1499	请帖	qǐng tiě	invitation (card)
1500	丘陵	qiū líng	hills
1501	区分	qū fēn	discriminate; differentiate; make a distinction between
1502	屈服	qū fú	surrender; yield
1503	区域	qū yù	area; reach; domain
1504	曲折	qū zhé	circuitous; intricate; tortuous
1505	驱逐	qū zhú	drive out; expel; banish
1506	渠道	qú dào	irrigation ditch; canal; channel
1507	取缔	qǔ dì	ban; prohibit; forbid
1508	曲子	qǔ zi	tune; melody

序号	词语	拼音	翻译
1509	趣味	qù wèi	interest; delight
1510	圈套	quān tào	snare; trap
1511	权衡	quán héng	judge; weigh and consider
1512	全局	quán jú	situation as a whole
1513	全力以赴	quán lì yǐ fù	devote every effort to
1514	拳头	quán tou	fist
1515	权威	quán wēi	authority
1516	权益	quán yì	legal rights and interests
1517	犬	quǎn	dog
1518	缺口	quē kǒu	breach; gap; loophole
1519	缺席	quē xí	absent
1520	缺陷	quē xiàn	defect; fault
1521	瘸	qué	be lame; limp
1522	确保	què bǎo	ensure; guarantee
1523	确立	què lì	establish
1524	确切	què qiè	definite; exact; precise
1525	确信	què xìn	firmly believe; be convinced; be sure
1526	群众	qún zhòng	the masses; general public; the common people
1527	染	rǎn	dye; acquire; soil
1528	让步	ràng bù	to concede; compromise
1529	饶恕	ráo shù	forgive; pardon; excuse
1530	扰乱	rǎo luàn	harass; disturb; cause havoc
1531	惹祸	rě huò	court disaster; stir up trouble
1532	热泪盈眶	rè lèi yíng kuàng	tears welled up in one's eyes
1533	热门	rè mén	in great demand; hot topic
1534	仁慈	rén cí	benevolent; merciful; kind
1535	人道	rén dào	humanity; human sympathy
1536	人格	rén gé	personality; character
1537	人工	rén gōng	man-made; artificial
1538	人家	rén jia	other; another
1539	人间	rén jiān	the (human) world
1540	人士	rén shì	public figure; personage
1541	人为	rén wéi	artificial; man-made
1542	人性	rén xìng	human feelings; reason
1543	人质	rén zhì	hostage

序号	词语	拼音	翻译
1544	忍耐	rěn nài	exercise patience; restrain oneself; be tolerant of
1545	忍受	rěn shòu	bear; undergo; suffer
1546	认定	rèn dìng	firmly believe; affirm; maintain
1547	认可	rèn kě	approve; accept; confirm
1548	任命	rèn mìng	appoint; commission; designate
1549	任性	rèn xìng	capricious; willful
1550	任意	rèn yì	wantonly; wilfully
1551	任重道远	rèn zhòng dào yuǎn	take a heavy burden and embark on a long road; ability to carry heavy responsibilities through thick and thin; It is a long-term; arduous task; It is an arduous task and the road is long
1552	仍旧	réng jiù	remain the same; continue to be; as before
1553	日新月异	rì xīn yuè yì	change rapidly; alter from day to day
1554	日益	rì yì	increasingly; more and more; with each passing day
1555	溶解	róng jiě	dissolve; solution
1556	容貌	róng mào	appearance; looks
1557	容纳	róng nà	hold; contain; accommodate
1558	容器	róng qì	container; holder; pack
1559	融洽	róng qià	harmonious; on friendly terms
1560	容忍	róng rěn	tolerate; put up with
1561	揉	róu	rub
1562	柔和	róu hé	soft; gentle; mild
1563	弱点	ruò diǎn	weakness; weak point; failing
1564	若干	ruò gān	a certain number or amount
1565	撒谎	sā huǎng	tell a lie; make up a story
1566	腮	sāi	cheek
1567	三角	sān jiǎo	triangle
1568	散文	sǎn wén	prose; essay
1569	散发	sàn fā	send out; diffuse; emit
1570	丧失	sàng shī	lose; forfeit
1571	嫂子	sǎo zi	sister-in-law [elder brother's wife]
1572	色彩	sè cǎi	colour; hue; tint

序号	词语	拼音	翻译
1573	刹车	shā chē	put on the brake; stop a machine
1574	啥	shá	what
1575	筛选	shāi xuǎn	filter; screen; preparation by screening
1576	山脉	shān mài	mountain range
1577	闪烁	shǎn shuò	twinkle; glimmer; glisten
1578	擅长	shàn cháng	be good at; be expert in; be skilled in
1579	擅自	shàn zì	do something without authorization; take a liberty
1580	扇子	shàn zi	fan
1581	商标	shāng biāo	trademark; brand
1582	伤脑筋	shāng nǎo jīn	cause somebody a headache; bothersome
1583	上级	shàng jí	high level; higher-ups
1584	上进心	shàng jìn xīn	desire to improve
1585	上任	shàng rèn	take up an official post; assume office
1586	上瘾	shàng yǐn	to be addicted (to something)
1587	上游	shàng yóu	head waters; upper reaches (of a river); advanced position
1588	梢	shāo	tip; the thin end of a twig; etc
1589	捎	shāo	drive backwards; back
1590	哨	shào	sentry; whistle; chirp
1591	奢侈	shē chǐ	luxurious; extravagant
1592	涉及	shè jí	involve; relate to; refer to
1593	设立	shè lì	establish; set up; found
1594	社区	shè qū	community (district)
1595	摄取	shè qǔ	absorb; assimilate; take in
1596	摄氏度	shè shì dù	degree Celsius/centigrade
1597	设想	shè xiǎng	imagine; envisage; conceive
1598	设置	shè zhì	set up; install; fit
1599	深奥	shēn ào	depth; abstruse; profound
1600	申报	shēn bào	report to a higher body
1601	深沉	shēn chén	dark; deep
1602	深情厚谊	shēn qíng hòu yì	deep friendship
1603	绅士	shēn shì	gentleman; gentry
1604	呻吟	shēn yín	groan; moan

序号	词语	拼音	翻译
1605	神奇	shén qí	magical; mystical; miraculous
1606	神气	shén qì	expression; air; manner
1607	神情	shén qíng	expression; look
1608	神色	shén sè	expression; look
1609	神圣	shén shèng	sacred; holy
1610	神态	shén tài	expression; manner; bearing
1611	神仙	shén xiān	supernatural being; immortal
1612	审查	shěn chá	examine; investigate; check
1613	审理	shěn lǐ	try; hear [in court]
1614	审美	shěn měi	appreciation of beauty
1615	审判	shěn pàn	bring to trial; try [in court]
1616	渗透	shèn tòu	osmosis; permeate; seep
1617	慎重	shèn zhòng	careful; considerate; discreet
1618	牲畜	shēng chù	livestock; domestic animals
1619	生存	shēng cún	exist; survive
1620	生机	shēng jī	lease of life; vitality
1621	生理	shēng lǐ	physiology
1622	声明	shēng míng	state; declare; announce
1623	声势	shēng shì	impetus; momentum
1624	生疏	shēng shū	not familiar; disacquaintance
1625	生态	shēng tài	ecology; organism's modes of life and relation to their environment
1626	生物	shēng wù	biology; living things; organisms
1627	生效	shēng xiào	come into force; take effect
1628	生锈	shēng xiù	get rusty; rust
1629	声誉	shēng yù	reputation; fame; prestige
1630	生育	shēng yù	give birth to; bear
1631	省会	shěng huì	provincial capital
1632	盛产	shèng chǎn	abound in; teem with
1633	胜负	shèng fù	victory or defeat; success or failure
1634	盛开	shèng kāi	be in full bloom
1635	盛情	shèng qíng	great kindness; boundless hospitality
1636	盛行	shèng xíng	be current; be in vogue
1637	师范	shī fàn	teacher-training
1638	施加	shī jiā	exert; bring to bear on; impose
1639	尸体	shī tǐ	corpse; dead body; cadaver
1640	失误	shī wù	miss; fault

序号	词语	拼音	翻译
1641	施展	shī zhǎn	put to good use
1642	狮子	shī zi	lion
1643	失踪	shī zōng	be missing
1644	拾	shí	pick up; collect; ten [formal]
1645	识别	shí bié	discriminate; distinguish; discern
1646	时差	shí chā	time difference
1647	时常	shí cháng	often; frequently; now and again
1648	时而	shí ér	from time to time; sometimes
1649	时光	shí guāng	time
1650	实惠	shí huì	material/tangible benefit
1651	时机	shí jī	opportunity; an opportune moment
1652	实力	shí lì	actual strength
1653	实施	shí shī	put into effect; implement; carry out
1654	时事	shí shì	current events; current affairs
1655	实事求是	shí shì qiú shì	base on facts; be practical and realistic
1656	石油	shí yóu	petroleum; oil
1657	实质	shí zhì	substance; essence; texture
1658	时装	shí zhuāng	fashionable dress
1659	十足	shí zú	100 per cent; out-and-out; sheer
1660	使命	shǐ mìng	mission
1661	势必	shì bì	be bound to; certainly will
1662	世代	shì dài	generation
1663	示范	shì fàn	set an example; demonstrate
1664	释放	shì fàng	release; deliver; set free
1665	是非	shì fēi	right and wrong; quarrel; dispute
1666	事故	shì gù	accident; malfunction; fault
1667	事迹	shì jì	deed; achievement
1668	事件	shì jiàn	event; incident
1669	世界观	shì jiè guān	world view
1670	视力	shì lì	vision; sight
1671	势力	shì li	force; power; influence
1672	逝世	shì shì	pass away; die
1673	事态	shì tài	state of affairs; situation
1674	试图	shì tú	to attempt; try
1675	示威	shì wēi	demonstrate; put on a show of force; display one's strength

序号	词语	拼音	翻译
1676	事务	shì wù	(political; economic) affairs
1677	视线	shì xiàn	line of sight
1678	事项	shì xiàng	matter; item
1679	试验	shì yàn	trial; experiment; test
1680	视野	shì yě	field of vision; scan
1681	事业	shì yè	undertaking; enterprise
1682	适宜	shì yí	suitable; fit; appropriate; proper
1683	示意	shì yì	signal; hint; give a sign
1684	收藏	shōu cáng	collect; store up
1685	收缩	shōu suō	contract; shrink; concentrate one's forces
1686	收益	shōu yì	income; proceeds; earnings
1687	收音机	shōu yīn jī	radio (set)
1688	手法	shǒu fǎ	skill; technique
1689	守护	shǒu hù	guard; defend; ward
1690	手势	shǒu shì	gesture; sign; signal
1691	首要	shǒu yào	of the first importance;chief
1692	手艺	shǒu yì	workmanship; craftsmanship; handicraft
1693	授予	shòu yǔ	award; grant; confer
1694	受罪	shòu zuì	endure hardships
1695	舒畅	shū chàng	happy; entirely free from worry
1696	书法	shū fǎ	calligraphy; penmanship
1697	疏忽	shū hu	carelessness; negligence; oversight
1698	书籍	shū jí	books; literature
1699	书记	shū ji	secretary; clerk
1700	书面	shū miàn	in written form; in writing
1701	数	shǔ	frequently; repeatedly
1702	竖	shù	vertical; upright; perpendicular
1703	束	shù	bind; tie; bunch; sheaf
1704	数额	shù é	number; amount; quota
1705	束缚	shù fù	tie; bind up; fetter
1706	树立	shù lì	set up; establish; build
1707	数目	shù mù	number; amount
1708	耍	shuǎ	play with; flourish
1709	衰老	shuāi lǎo	grow old; deteriorate with age
1710	衰退	shuāi tuì	decline; decay; rust
1711	率领	shuài lǐng	lead; head; command

序号	词语	拼音	翻译
1712	涮火锅	shuàn huǒ guō	eat hot pot
1713	双胞胎	shuāng bāo tāi	twins
1714	爽快	shuǎng kuài	refreshed; comfortable
1715	水利	shuǐ lì	water conservancy; irrigation works
1716	水龙头	shuǐ lóng tóu	stopcock; tap; faucet
1717	水泥	shuǐ ní	cement; concrete
1718	司法	sī fǎ	administration of justice; judiciary
1719	司令	sī lìng	commander; commanding officer
1720	思念	sī niàn	long for; remember fondly; yearn
1721	思索	sī suǒ	think deeply; ponder; speculate
1722	思维	sī wéi	thought; thinking
1723	斯文	sī wen	refined; gentle
1724	思绪	sī xù	train of thought
1725	私自	sī zì	privately; secretly
1726	死亡	sǐ wáng	die; death
1727	肆无忌惮	sì wú jì dàn	act recklessly without care for anyone else; act outrageously
1728	饲养	sì yǎng	raise; rear; feed
1729	四肢	sì zhī	the four limbs [arms and legs]; all fours
1730	耸	sǒng	tower aloft; rise straight up; alarm
1731	艘	sōu	great boat; ship
1732	搜索	sōu suǒ	search for; hunt for; scout around
1733	苏醒	sū xǐng	revive; regain consciousness; come round
1734	俗话	sú huà	common saying; adage
1735	素食主义	sù shí zhǔ yì	vegetarianism
1736	诉讼	sù sòng	lawsuit; litigation; legal action
1737	塑造	sù zào	model; mould
1738	素质	sù zhì	quality
1739	算了	suàn le	forget it; leave it at that
1740	算数	suàn shù	do sums; count
1741	随即	suí jí	immediately; presently
1742	随身	suí shēn	carry ... with one; with one
1743	随手	suí shǒu	conveniently; without extra trouble
1744	随意	suí yì	at will; as one pleases; ad lib
1745	隧道	suì dào	tunnel
1746	岁月	suì yuè	years

序号	词语	拼音	翻译
1747	损坏	sǔn huài	damage; injure; spoil
1748	索赔	suǒ péi	claim indemnity; demand compensation
1749	索性	suǒ xìng	might as well; simply
1750	塌	tā	collapse; cave in; sink
1751	踏实	tā shi	dependable; steady and sure
1752	台风	tái fēng	typhoon; stage manners
1753	泰斗	tài dǒu	a leading authority
1754	太空	tài kōng	the firmament; outer space
1755	摊儿	tān er	stall
1756	瘫痪	tān huàn	paralysis; palsy
1757	贪婪	tān lán	avaricious; greedy; rapacious
1758	贪污	tān wū	corruption; embezzle
1759	弹性	tán xìng	elasticity; resilience
1760	坦白	tǎn bái	honest; frank; candid
1761	探测	tàn cè	survey; sound; probe
1762	叹气	tàn qì	sigh
1763	探索	tàn suǒ	explore; probe; search
1764	探讨	tàn tǎo	inquire into; probe; investigate
1765	探望	tàn wàng	visit; pay a visit to; call on
1766	糖葫芦	táng hú lu	caremalised hawthorn fruit on a stick
1767	掏	tāo	draw out; pull out; fish out;
1768	滔滔不绝	tāo tāo bù jué	exhaust oneself by talking
1769	陶瓷	táo cí	ceramics; pottery and porcelain
1770	淘气	táo qì	naughty; mischievous
1771	淘汰	táo tài	eliminate through selection or competition; weed out
1772	讨价还价	tǎo jià huán jià	bargain/barter with somebody for something
1773	特长	tè cháng	what one is skilled in; strong point; speciality
1774	特定	tè dìng	specially appointed; specially designated
1775	特色	tè sè	characteristic; distinguishing feature
1776	提拔	tí bá	promote
1777	题材	tí cái	subject matter; theme

序号	词语	拼音	翻译
1778	提炼	tí liàn	extract and refine
1779	提示	tí shì	point out; prompt
1780	提议	tí yì	propose; suggest; move
1781	体谅	tǐ liàng	show understanding and sympathy for
1782	体面	tǐ miàn	dignity; propriety; face
1783	体系	tǐ xì	system; setup
1784	天才	tiān cái	genius; talent; gift
1785	天伦之乐	tiān lún zhī lè	the happiness of a family reunion
1786	天然气	tiān rán qì	natural gas
1787	天生	tiān shēng	inherent; innate
1788	天堂	tiān táng	heaven; paradise
1789	天文	tiān wén	astronomy
1790	田径	tián jìng	track and field (athletics)
1791	舔	tiǎn	to lick; lap
1792	挑剔	tiāo ti	nitpick; be hypercritical; be fastidious
1793	调和	tiáo hé	mediate; reconcile
1794	调剂	tiáo jì	make up a prescription; adjust; regulate
1795	调节	tiáo jié	regulate; adjust; monitor
1796	调解	tiáo jiě	mediate; make peace; arbitrate
1797	条款	tiáo kuǎn	clause; article; provision
1798	条理	tiáo lǐ	proper arrangement; orderliness
1799	调料	tiáo liào	seasoning; condiment
1800	条约	tiáo yuē	convention; treaty; pact
1801	挑拨	tiǎo bō	instigate; incite; foment
1802	挑衅	tiǎo xìn	provoke; defiance
1803	跳跃	tiào yuè	jump; skip; hop
1804	停泊	tíng bó	anchor; berth; mooring
1805	停顿	tíng dùn	stop; halt; pause
1806	停滞	tíng zhì	stagnate; bog down; be at a standstill
1807	亭子	tíng zi	pavilion; kiosk
1808	挺拔	tǐng bá	tall and straight
1809	通货膨胀	tōng huò péng zhàng	inflation; expansion of the currency
1810	通俗	tōng sú	popular; common
1811	通用	tōng yòng	be in common use; be current

序号	词语	拼音	翻译
1812	同胞	tóng bāo	compatriot; sibling
1813	童话	tóng huà	children's stories; fairy tales
1814	铜矿	tóng kuàng	copper mine
1815	同志	tóng zhì	comrade
1816	统筹兼顾	tǒng chóu jiān gù	overall planning considering all factors
1817	统计	tǒng jì	statistics; numerical statement
1818	统统	tǒng tǒng	all; completely; entirely
1819	投机	tóu jī	speculate; be opportunistic
1820	投票	tóu piào	vote
1821	投降	tóu xiáng	surrender; capitulate
1822	投掷	tóu zhì	throw; hurl; cast
1823	秃	tū	bald; bare; barren
1824	突破	tū pò	break through; surmount
1825	图案	tú àn	pattern; design
1826	徒弟	tú dì	apprentice; disciple
1827	途径	tú jìng	road; avenue; way
1828	涂抹	tú mǒ	daub; smear; paint
1829	土壤	tǔ rǎng	soil; ground
1830	团结	tuán jié	unite; rally
1831	团体	tuán tǐ	organization; group; team
1832	团员	tuán yuán	a member of the Communist Youth League of China
1833	推测	tuī cè	infer; conjecture; guess
1834	推翻	tuī fān	overthrow; overturn; topple
1835	推理	tuī lǐ	inference; reasoning
1836	推论	tuī lùn	inference; triangulation
1837	推销	tuī xiāo	market; peddle; sales promotion
1838	吞咽	tūn yàn	gulp; swallow
1839	脱离	tuō lí	separate oneself from; break away from
1840	拖延	tuō yán	delay; put off; procrastinate
1841	托运	tuō yùn	consign for shipment
1842	妥当	tuǒ dang	well-thought-out; appropriate; proper
1843	妥善	tuǒ shàn	appropriate; proper; well arranged
1844	妥协	tuǒ xié	come to terms; compromise
1845	椭圆	tuǒ yuán	oval; ellipse

序号	词语	拼音	翻译
1846	唾沫	tuò mo	saliva; spittle
1847	挖掘	wā jué	excavate; unearth; dig
1848	娃娃	wá wa	baby
1849	瓦解	wǎ jiě	disintegrate; collapse; crumble
1850	哇	wa	wow
1851	歪曲	wāi qū	distort; misrepresent; twist
1852	外表	wài biǎo	outward appearance; exterior
1853	外行	wài háng	layman; non-professional
1854	外界	wài jiè	the outside world; outside
1855	外向	wài xiàng	extrovert
1856	丸	wán	pill
1857	完备	wán bèi	complete; perfect
1858	完毕	wán bì	finish; complete
1859	顽固	wán gù	obstinate; stubborn; headstrong
1860	玩弄	wán nòng	play
1861	顽强	wán qiáng	indomitable; staunch; tenacious
1862	玩意儿	wán yì er	plaything; toy
1863	挽回	wǎn huí	retrieve; redeem
1864	挽救	wǎn jiù	save; remedy; rescue
1865	惋惜	wǎn xī	feel sorry for somebody or about something; to pity
1866	万分	wàn fēn	very much; extremely
1867	往常	wǎng cháng	habitually in the past; as one used to do formerly
1868	网络	wǎng luò	network
1869	往事	wǎng shì	history; the past
1870	妄想	wàng xiǎng	vain hope; wishful thinking
1871	微不足道	wēi bù zú dào	not worth mentioning; insignificant
1872	威风	wēi fēng	power and prestige
1873	微观	wēi guān	microcosmic
1874	危机	wēi jī	crisis; crunch
1875	威力	wēi lì	force; power; might
1876	威望	wēi wàng	prestige
1877	威信	wēi xìn	prestige
1878	违背	wéi bèi	violate; go against; run counter to
1879	维持	wéi chí	keep; maintain; preserve
1880	唯独	wéi dú	only; alone
1881	为难	wéi nán	feel embarrassed/awkward

序号	词语	拼音	翻译
1882	为期	wéi qī	by a definite date
1883	维生素	wéi shēng sù	vitamin
1884	为首	wéi shǒu	as the leader; headed by
1885	维修	wéi xiū	keep in good repair; service; maintain
1886	委员	wěi yuán	committee member
1887	伪造	wěi zào	counterfeit; forge; falsify
1888	畏惧	wèi jù	fear; awe; dread
1889	胃口	wèi kǒu	appetite; belly
1890	未免	wèi miǎn	rather; a bit too; truly
1891	慰问	wèi wèn	express sympathy and solicitude for
1892	卫星	wèi xīng	satellite; moon
1893	位于	wèi yú	be located; be situated
1894	温带	wēn dài	temperate zone
1895	温和	wēn hé	lukewarm
1896	文凭	wén píng	diploma
1897	文物	wén wù	cultural relic; historical relic
1898	文献	wén xiàn	document; literature
1899	文雅	wén yǎ	elegant; refined; cultured
1900	文艺	wén yì	literature and art
1901	问世	wèn shì	be published; come out
1902	窝	wō	nest; den; lair
1903	乌黑	wū hēi	jet-black
1904	污蔑	wū miè	slander; vilify
1905	诬陷	wū xiàn	to frame someone; make a false charge against sb
1906	无比	wú bǐ	incomparable; unparalleled; matchless
1907	无偿	wú cháng	free; gratis
1908	无耻	wú chǐ	shameless; brazen; impudent
1909	无从	wú cóng	have no way; not be in a position
1910	无动于衷	wú dòng yú zhōng	be completely indifferent; remain completely unmoved
1911	无非	wú fēi	nothing but; no more than; simply
1912	无精打采	wú jīng dǎ cǎi	have the blues; be listless
1913	无可奉告	wú kě fèng gào	no comment; have nothing to say
1914	无可奈何	wú kě nài hé	feel helpless; have no alternative (but)

序号	词语	拼音	翻译
1915	无赖	wú lài	like a rascal or scoundrel
1916	无理取闹	wú lǐ qǔ nào	make trouble out of nothing; find fault with somebody for no reason whatsoever
1917	无能为力	wú néng wéi lì	helpless; unable to do anything to help
1918	无穷无尽	wú qióng wú jìn	inexhaustible; boundless; endless
1919	无微不至	wú wēi bú zhì	lavish every care on; in every possible way; meticulously
1920	无忧无虑	wú yōu wú lǜ	care-free; without sorrow or anxiety
1921	无知	wú zhī	ignorant
1922	舞蹈	wǔ dǎo	dance
1923	侮辱	wǔ rǔ	insult; humiliate
1924	武侠	wǔ xiá	person adept in martial arts who performs chivalrous deeds
1925	武装	wǔ zhuāng	arms; military equipment; armed forces
1926	勿	wù	do not
1927	务必	wù bì	must; be sure to
1928	误差	wù chā	error
1929	误解	wù jiě	misread; misunderstand; misconstrue
1930	物美价廉	wù měi jià lián	high quality and inexpensive
1931	务实	wù shí	deal with concrete matters relating to work
1932	物资	wù zī	goods and materials
1933	溪	xī	brook; rivulet; streamlet
1934	膝盖	xī gài	knee
1935	熄灭	xī miè	extinguish; quench; put out
1936	吸取	xī qǔ	absorb; suck up; assimilate
1937	昔日	xī rì	in former times; in the past; in the old days
1938	牺牲	xī shēng	a beast slaughtered for sacrifice; sacrifice; sacrifice oneself
1939	夕阳	xī yáng	the setting sun
1940	媳妇	xí fu	wife; daughter-in-law
1941	袭击	xí jī	make a surprise attack on; assault; raid
1942	习俗	xí sú	customs; traditions

序号	词语	拼音	翻译
1943	喜闻乐见	xǐ wén lè jiàn	be delighted to hear and see
1944	喜悦	xǐ yuè	happy; joyful
1945	细胞	xì bāo	cell [biology]
1946	细菌	xì jūn	germ; bacterium
1947	系列	xì liè	succession; series; set
1948	细致	xì zhì	careful; meticulous; painstaking
1949	霞	xiá	rosy clouds; morning or evening glow
1950	狭隘	xiá ài	narrow; parochial
1951	峡谷	xiá gǔ	gorge; canyon; gulch
1952	狭窄	xiá zhǎi	narrow; cramped
1953	夏令营	xià lìng yíng	summer camp
1954	下属	xià shǔ	subordinate; branch
1955	先进	xiān jìn	advanced
1956	鲜明	xiān míng	bright; clear-cut; distinct
1957	掀起	xiān qǐ	lift; raise
1958	先前	xiān qián	before; previously
1959	纤维	xiān wéi	fibre; filament
1960	弦	xián	the string of a musical instrument/ bow; spring
1961	嫌	xián	suspicion; ill will; resentment
1962	闲话	xián huà	chitchat; digression
1963	贤惠	xián huì	virtuous
1964	衔接	xián jiē	link up; join; connect
1965	嫌疑	xián yí	suspicion
1966	显著	xiǎn zhù	notable; striking; remarkable
1967	现场	xiàn chǎng	scene; site; spot
1968	现成	xiàn chéng	ready-made; off the peg
1969	馅儿	xiàn er	filling
1970	宪法	xiàn fǎ	constitution; charter
1971	陷害	xiàn hài	frame; make a false charge against; snare
1972	陷入	xiàn rù	sink into; fall into; land oneself in
1973	线索	xiàn suǒ	clue; trail; thread
1974	现状	xiàn zhuàng	current situation
1975	相差	xiāng chà	difference
1976	相等	xiāng děng	be equal to
1977	相辅相成	xiāng fǔ xiāng chéng	complement each other

序号	词语	拼音	翻译
1978	镶嵌	xiāng qiàn	inlay; mount; fill in
1979	相应	xiāng yìng	corresponding; relevant; work in concert with
1980	乡镇	xiāng zhèn	villages and towns
1981	想方设法	xiǎng fāng shè fǎ	find ways and means to; in every possible way
1982	响亮	xiǎng liàng	loud and clear; resounding; sonorous
1983	响应	xiǎng yìng	respond; answer
1984	项	xiàng	nape (of the neck); sum (of money); term [mathematics]
1985	巷	xiàng	lane; alley
1986	向导	xiàng dǎo	guide
1987	向来	xiàng lái	always; all along
1988	向往	xiàng wǎng	yearn for; look forward to
1989	消除	xiāo chú	eliminate; dispel; clear up
1990	消毒	xiāo dú	disinfect; sterilise
1991	消防	xiāo fáng	extinguish and protect; fire control
1992	消耗	xiāo hào	consume; use up; deplete
1993	销毁	xiāo huǐ	destroy by melting or burning
1994	消极	xiāo jí	negative; passive; inactive
1995	小气	xiǎo qi	stingy; mean
1996	小心翼翼	xiǎo xīn yì yì	with great care; be very scrupulous; ; cautiously
1997	孝顺	xiào shun	filial piety
1998	肖像	xiào xiàng	portrait
1999	效益	xiào yì	beneficial result; effectiveness; achievements
2000	携带	xié dài	carry; bring; take along
2001	协会	xié huì	association; society; institute
2002	协商	xié shāng	consult; talk things over
2003	协议	xié yì	agree on; understanding; treaty
2004	协助	xié zhù	assist; help
2005	写作	xiě zuò	writing; pen and ink; penmanship
2006	屑	xiè	scraps; crumbs
2007	谢绝	xiè jué	close one's doors; refuse; decline
2008	泄露	xiè lù	let out; reveal; divulge

序号	词语	拼音	翻译
2009	泄气	xiè qì	lose heart; feel discouraged; be disheartened
2010	新陈代谢	xīn chén dài xiè	the new supersedes the old
2011	心得	xīn dé	what one has learned from work, study etc
2012	新郎	xīn láng	bridegroom
2013	心灵	xīn líng	soul; intelligent
2014	新娘	xīn niáng	bride
2015	辛勤	xīn qín	industrious; hardworking
2016	薪水	xīn shuǐ	salary; pay; wages
2017	心态	xīn tài	mentality; psychology
2018	心疼	xīn téng	love dearly
2019	欣慰	xīn wèi	be relieved; be gratified
2020	欣欣向荣	xīn xīn xiàng róng	thriving; flourishing; prosperous
2021	心血	xīn xuè	painstaking care [lit. with the heart's blood]
2022	心眼儿	xīn yǎn er	heart; mind
2023	新颖	xīn yǐng	new and original; novel
2024	信赖	xìn lài	trust; count on; have faith in
2025	信念	xìn niàn	faith; belief; conviction
2026	信仰	xìn yǎng	faith; belief
2027	信誉	xìn yù	prestige
2028	腥	xīng	raw meat or fish
2029	兴高采烈	xīng gāo cǎi liè	be jubilant; be in good spirits; elated
2030	兴隆	xīng lóng	booming
2031	兴旺	xīng wàng	prosperous; flourishing; thriving
2032	刑事	xíng shì	criminal; penal
2033	形态	xíng tài	form; shape; pattern
2034	行政	xíng zhèng	administration
2035	性感	xìng gǎn	sexuality; sex appeal
2036	幸好	xìng hǎo	fortunately; luckily; just as well
2037	性命	xìng mìng	life
2038	性能	xìng néng	function; property; nature
2039	性情	xìng qíng	disposition; temperament; temper
2040	兴致勃勃	xìng zhì bó bó	be in high spirits; cheerful and energetic
2041	凶恶	xiōng è	fierce; ferocious; malevolent

序号	词语	拼音	翻译
2042	胸怀	xiōng huái	mind; heart; breast
2043	凶手	xiōng shǒu	murderer; assassin; assailant
2044	胸膛	xiōng táng	breast; thorax; chest
2045	雄厚	xióng hòu	tremendous; rich; abundant
2046	羞耻	xiū chǐ	ashamed
2047	修复	xiū fù	repair; restore; renovate
2048	修建	xiū jiàn	build; construct; erect
2049	修理	xiū lǐ	repair; mend; fix
2050	修养	xiū yǎng	accomplishment; training; mastery
2051	绣	xiù	embroider
2052	嗅觉	xiù jué	sense of smell
2053	虚假	xū jiǎ	false; sham
2054	需求	xū qiú	need; requirement
2055	虚荣	xū róng	vanity; vain glory
2056	虚伪	xū wěi	sham; false; hypocritical
2057	须知	xū zhī	it must be understood that
2058	许可	xǔ kě	permit; allow
2059	酗酒	xù jiǔ	become drunk and violent
2060	畜牧	xù mù	raise livestock
2061	序言	xù yán	introduction; preface; foreword
2062	宣誓	xuān shì	swear an oath; make a vow; make a pledge
2063	宣扬	xuān yáng	publicise; advocate; advertise
2064	悬挂	xuán guà	hang; fly; suspend
2065	旋律	xuán lǜ	melody
2066	悬念	xuán niàn	suspense; be concerned about; miss
2067	悬崖峭壁	xuán yá qiào bì	precipitous rock faces and sheer cliffs
2068	旋转	xuán zhuǎn	revolve; rotate; spin
2069	选拔	xuǎn bá	select; choose
2070	选手	xuǎn shǒu	an athlete selected for a sports meet; contestant
2071	削弱	xuē ruò	weaken; cripple
2072	学历	xué lì	record of formal schooling; educational background
2073	学说	xué shuō	theory; doctrine
2074	学位	xué wèi	academic degree

序号	词语	拼音	翻译
2075	雪上加霜	xuě shàng jiā shuāng	snow plus frost; one disaster after another
2076	血压	xuè yā	blood pressure
2077	熏陶	xūn táo	exert a gradual uplifting influence on; nurture; edify
2078	循环	xún huán	circulate; round; repeat
2079	巡逻	xún luó	(go on) patrol
2080	寻觅	xún mì	seek; look for
2081	循序渐进	xún xù jiàn jìn	proceed in an orderly way and step by step
2082	押金	yā jīn	cash pledge; deposit; security
2083	压迫	yā pò	oppress; repress; constrict
2084	压岁钱	yā suì qián	[money given to children as a lunar New Year gift]
2085	压缩	yā suō	compress; condense; cut down
2086	压抑	yā yì	constrain; inhibit; hold back
2087	压榨	yā zhà	press; squeeze; expression
2088	压制	yā zhì	suppress; stifle; inhibit
2089	亚军	yà jūn	second place; runner-up
2090	烟花爆竹	yān huā bào zhú	fireworks
2091	淹没	yān mò	submerge; inundate; drown
2092	沿海	yán hǎi	along the coast; coastal; littoral
2093	严寒	yán hán	bitter cold
2094	严禁	yán jìn	strictly forbid
2095	严峻	yán jùn	stern; severe; grim
2096	严厉	yán lì	stern; severe
2097	言论	yán lùn	opinion on public affairs; expression of one's political views
2098	严密	yán mì	tight; close; strict
2099	延期	yán qī	postpone; defer; put off
2100	炎热	yán rè	scorching; blazing; burning hot
2101	延伸	yán shēn	extend; elongate; roll out
2102	岩石	yán shí	rock
2103	延续	yán xù	continue; go on; last
2104	演变	yǎn biàn	develop; evolve
2105	掩盖	yǎn gài	cover; conceal; blanket
2106	眼光	yǎn guāng	sight; foresight; insight
2107	掩护	yǎn hù	shield; screen; cover

序号	词语	拼音	翻译
2108	演讲	yǎn jiǎng	give a lecture; make a speech
2109	眼色	yǎn sè	hint given with the eyes; meaningful glance
2110	眼神	yǎn shén	expression in one's eyes
2111	掩饰	yǎn shì	cover up; gloss over; conceal
2112	演习	yǎn xí	manoeuvre; exercise; drill
2113	眼下	yǎn xià	at the moment; at present; now
2114	演绎	yǎn yì	infer; deduce
2115	演奏	yǎn zòu	give a performance (with a musical instrument)
2116	验收	yàn shōu	check before acceptance
2117	厌恶	yàn wù	detest; abhor; be disgusted with
2118	验证	yàn zhèng	test and verify; check; prove
2119	氧气	yǎng qì	oxygen
2120	样品	yàng pǐn	sample; specimen; prototype
2121	摇摆	yáo bǎi	sway; swing; rock
2122	摇滚	yáo gǔn	rock (and roll)
2123	摇晃	yáo huàng	rock; sway; shake; quake
2124	遥控	yáo kòng	remote control
2125	谣言	yáo yán	rumour; groundless allegation
2126	遥远	yáo yuǎn	distant; remote; faraway
2127	咬牙切齿	yǎo yá qiè chǐ	bite one's lip and grnash one's teeth (in hatred/anger)
2128	要不然	yào bu rán	or; otherwise; or else
2129	要点	yào diǎn	main points; key points; essentials
2130	要命	yào mìng	drive someone to their death
2131	要素	yào sù	essential factor; key element
2132	耀眼	yào yǎn	dazzling
2133	野蛮	yě mán	uncivilized; savage; barbarous
2134	野心	yě xīn	wild ambition; careerism
2135	依次	yī cì	in proper order
2136	依旧	yī jiù	as before; still
2137	依据	yī jù	according to; in the light of; on the basis of
2138	依靠	yī kào	rely on; depend on
2139	依赖	yī lài	rely on; be dependent on
2140	一流	yī liú	first-rate; top quality
2141	一如既往	yī rú jì wǎng	as in the past; as ever

序号	词语	拼音	翻译
2142	衣裳	yī shang	clothing; clothes
2143	依托	yī tuō	rely on; depend on
2144	遗产	yí chǎn	legacy; inheritance; heritage
2145	遗传	yí chuán	inherit; hereditary
2146	一度	yí dù	once; at one time; for a time
2147	一贯	yí guàn	from beginning to end; consistent; persistent
2148	疑惑	yí huò	feel uncertain; not be convinced
2149	遗留	yí liú	leave behind; hand down
2150	一律	yí lǜ	same; alike; uniform
2151	一目了然	yí mù liǎo rán	be immediately obvious; stick out a mile
2152	仪器	yí qì	instrument; appliance; apparatus
2153	遗失	yí shī	lose
2154	仪式	yí shì	ceremony; rite; function
2155	一向	yí xiàng	consistently; all along; always (previously)
2156	一再	yí zài	time and again; again and again; repeatedly
2157	以便	yǐ biàn	so that; in order to
2158	以免	yǐ miǎn	in order to avoid; so as not to; lest
2159	以往	yǐ wǎng	before; formerly; previously; in the past
2160	以致	yǐ zhì	so that; with the result that
2161	以至	yǐ zhì	down to
2162	翼	yì	the wing of a bird/aeroplane; etc; flank; assist
2163	亦	yì	also; too
2164	异常	yì cháng	unusual; abnormal; anomalous
2165	一帆风顺	yì fān fēng shùn	have a favorable wind all the way; everything going smoothly
2166	一举两得	yì jǔ liǎng dé	achieve two things at once; kill two birds with one stone
2167	毅力	yì lì	willpower; guts; stamina
2168	意料	yì liào	expect; anticipate
2169	毅然	yì rán	resolutely; firmly; determinedly
2170	意识	yì shi	be conscious of; be aware of; realise
2171	一丝不苟	yì sī bù gǒu	dot the i's and cross the t's

序号	词语	拼音	翻译
2172	意图	yì tú	intention; purpose; intent
2173	意味着	yì wèi zhe	signify; mean; imply
2174	意向	yì xiàng	intention; purpose
2175	抑制	yì zhì	restrain; control; check
2176	意志	yì zhì	will
2177	阴谋	yīn móu	plot; scheme; conspiracy
2178	音响	yīn xiǎng	sound; acoustics; audio
2179	隐蔽	yǐn bì	take cover; hide; conceal
2180	引导	yǐn dǎo	guide; lead; pilot
2181	隐患	yǐn huàn	hidden trouble/danger
2182	隐瞒	yǐn mán	conceal; hide; hold back
2183	引擎	yǐn qíng	engine
2184	饮食	yǐn shí	food and drink; diet
2185	隐私	yǐn sī	conceal; hide; secret
2186	引用	yǐn yòng	quote; cite; recommend
2187	隐约	yǐn yuē	indistinct; faint
2188	印刷	yìn shuā	print; printing
2189	婴儿	yīng ér	baby; infant
2190	英明	yīng míng	wise; brilliant
2191	英勇	yīng yǒng	heroic; valiant; courageous
2192	盈利	yíng lì	profit; gain
2193	迎面	yíng miàn	head-on; face to face
2194	荧屏	yíng píng	screen
2195	应酬	yìng chou	engage in social activities
2196	应邀	yìng yāo	at somebody's invitation
2197	拥护	yōng hù	support; uphold; endorse
2198	庸俗	yōng sú	vulgar; philistine; base
2199	拥有	yōng yǒu	possess; have; own
2200	永恒	yǒng héng	eternal
2201	涌现	yǒng xiàn	emerge in large numbers; spring up
2202	勇于	yǒng yú	be brave in; be bold in; have the courage to
2203	踊跃	yǒng yuè	jump; skip; hop
2204	用功	yòng gōng	hardworking; diligent; studious
2205	用户	yòng hù	user; subscriber; consumer
2206	优胜劣汰	yōu shèng liè tài	survival of the fittest
2207	优先	yōu xiān	take precedence; prior
2208	优异	yōu yì	excellent; outstanding

序号	词语	拼音	翻译
2209	忧郁	yōu yù	melancholy; heavy-hearted; dejected
2210	优越	yōu yuè	superior; advantageous
2211	油腻	yóu nì	greasy; oily
2212	油漆	yóu qī	paint; oil colour
2213	犹如	yóu rú	just as; like; as if
2214	有条不紊	yǒu tiáo bù wěn	all in good order; methodically; systematically
2215	诱惑	yòu huò	entice; tempt; lure
2216	幼稚	yòu zhì	young; childish
2217	愚蠢	yú chǔn	stupid; foolish; silly
2218	舆论	yú lùn	public opinion
2219	愚昧	yú mèi	fatuous; ignorant
2220	渔民	yú mín	fisherman
2221	与日俱增	yǔ rì jù zēng	grow with each passing day
2222	羽绒服	yǔ róng fú	down-filled coat
2223	予以	yǔ yǐ	give; grant
2224	愈	yù	heal; recover; increasingly
2225	预料	yù liào	expect; predict
2226	预期	yù qī	expect; anticipate
2227	预赛	yù sài	preliminary contest; preliminary heats
2228	预算	yù suàn	budget
2229	欲望	yù wàng	desire; wish
2230	预先	yù xiān	in advance; beforehand
2231	预言	yù yán	prophesy; predict; foretell
2232	寓言	yù yán	fable; allegory; parable
2233	预兆	yù zhào	omen; sign; harbinger
2234	冤枉	yuān wang	wrong; treat unjustly
2235	原告	yuán gào	plaintiff; complainant
2236	原理	yuán lǐ	principle; tenet; axiom
2237	园林	yuán lín	gardens; park
2238	圆满	yuán mǎn	perfect; satisfactory
2239	源泉	yuán quán	fountain; source
2240	原始	yuán shǐ	original; firsthand; primitive
2241	元首	yuán shǒu	head of a state; chief executive
2242	元素	yuán sù	element
2243	原先	yuán xiān	former; original

序号	词语	拼音	翻译
2244	元宵节	yuán xiāo jié	Lantern Festival
2245	约束	yuē shù	keep within bounds; restrain
2246	岳父	yuè fù	father-in-law [wife's father]
2247	乐谱	yuè pǔ	music score
2248	熨	yùn	iron; press
2249	蕴藏	yùn cáng	hold in store; contain
2250	酝酿	yùn niàng	brew; ferment
2251	运算	yùn suàn	operation; arithmetic
2252	运行	yùn xíng	move; be in motion; run
2253	孕育	yùn yù	be pregnant
2254	砸	zá	pound; tamp; crush
2255	杂技	zá jì	acrobatics
2256	杂交	zá jiāo	hybridise; cross breed
2257	咋	ză	how; why [dialect for 怎么]
2258	灾难	zāi nàn	calamity; disaster; catastrophe
2259	栽培	zāi péi	cultivate; grow; plant
2260	宰	zǎi	slaughter; butcher
2261	在乎	zài hu	care about; mind; take to heart
2262	再接再厉	zài jiē zài lì	redouble your efforts
2263	在意	zài yì	take notice of; care about; mind; take to heart
2264	攒	zǎn	collect together; assemble
2265	暂且	zàn qiě	for the time being; for the moment
2266	赞叹	zàn tàn	gasp in admiration; highly praise
2267	赞同	zàn tóng	approve of; agree with; endorse
2268	赞扬	zàn yáng	speak highly of; praise; commend
2269	赞助	zàn zhù	support; sponsor; donate money to assist
2270	遭受	zāo shòu	suffer; be subjected to; sustain
2271	糟蹋	zāo ta	waste; ruin; spoil
2272	遭殃	zāo yāng	suffer (disaster)
2273	遭遇	zāo yù	meet with; encounter; run up against
2274	造反	zào fǎn	rise in rebellion; rebel; revolt
2275	造型	zào xíng	modelling; profiling; mouldmaking
2276	噪音	zào yīn	noise; undesired sound
2277	责怪	zé guài	blame
2278	贼	zéi	thief; traitor; extremely

序号	词语	拼音	翻译
2279	增添	zēng tiān	add
2280	赠送	zèng sòng	give as a present; present as a gift
2281	扎	zhā	prick; stab
2282	渣	zhā	dregs; residue; sediment
2283	扎实	zhā shi	sturdy; strong
2284	眨	zhǎ	blink; wink
2285	诈骗	zhà piàn	defraud; swindle
2286	摘要	zhāi yào	summary; abstract
2287	债券	zhài quàn	bond; debenture
2288	沾光	zhān guāng	benefit from association with somebody or something
2289	瞻仰	zhān yǎng	look at with reverence
2290	斩钉截铁	zhǎn dīng jié tiě	resolute and decisive; categorical
2291	展示	zhǎn shì	open up before one's eyes
2292	展望	zhǎn wàng	look into the distance
2293	展现	zhǎn xiàn	unfold before one's eyes; emerge
2294	崭新	zhǎn xīn	brand-new
2295	战斗	zhàn dòu	fight; battle; combat
2296	占据	zhàn jù	occupy; take over; colonise
2297	占领	zhàn lǐng	capture; occupy; seize
2298	战略	zhàn luè	strategy
2299	战术	zhàn shù	tactics
2300	战役	zhàn yì	campaign; battle
2301	占有	zhàn yǒu	own; possess; occupy
2302	章程	zhāng chéng	regulations; constitution; statutes
2303	长辈	zhǎng bèi	elder member of a family
2304	障碍	zhàng ài	hinder; obstruct; bar
2305	帐篷	zhàng peng	tent
2306	朝气蓬勃	zhāo qì péng bó	full of vigour and vitality
2307	招收	zhāo shōu	recruit; take in
2308	招投标	zhāo tóu biāo	bidding
2309	着迷	zháo mí	be fascinated; be captivated
2310	沼泽	zhǎo zé	marsh; swamp; bog
2311	照料	zhào liào	take care of; attend to; tend
2312	照样	zhào yàng	after a pattern or model
2313	照耀	zhào yào	shine; illuminate; enlighten
2314	照应	zhào yìng	look after; take care of
2315	遮挡	zhē dǎng	shelter from; keep out

序号	词语	拼音	翻译
2316	折腾	zhē teng	turn from side to side; toss about
2317	折	zhé	break; snap; lose money in business
2318	折磨	zhé mó	cause suffering; torment; affliction
2319	珍贵	zhēn guì	valuable; precious; rare
2320	侦探	zhēn tàn	detective; spy
2321	珍稀	zhēn xī	precious; valuable and rare
2322	真相	zhēn xiàng	truth; the actual state of affairs
2323	真挚	zhēn zhì	sincere; genuine; cordial
2324	珍珠	zhēn zhū	pearl
2325	斟酌	zhēn zhuó	consider; deliberate; think over
2326	阵地	zhèn dì	battle field; front
2327	镇定	zhèn dìng	cool; composed; unperturbed
2328	振奋	zhèn fèn	rouse oneself; be inspired with enthusiasm
2329	震惊	zhèn jīng	shock; amaze; astonish
2330	镇静	zhèn jìng	calm; composed; unruffled
2331	阵容	zhèn róng	battle array; battle formation
2332	振兴	zhèn xīng	cause to prosper; promote; re-energize
2333	镇压	zhèn yā	suppress; repress; put down
2334	争端	zhēng duān	dispute; bone of contention
2335	争夺	zhēng duó	fight for; vie with somebody for something
2336	蒸发	zhēng fā	evaporate
2337	征服	zhēng fú	conquer; subjugate
2338	争气	zhēng qì	try to make a good showing; try to win credit
2339	征收	zhēng shōu	levy; collect; impose
2340	争先恐后	zhēng xiān kǒng hòu	falling over each other; in a mad rush to be first
2341	争议	zhēng yì	controversy
2342	正月	zhēng yuè	the first month of the lunar year
2343	挣扎	zhēng zhá	struggle
2344	整顿	zhěng dùn	rectify; consolidate; reorganise
2345	正当	zhèng dāng	just when; timely
2346	正负	zhèng fù	plus and minus
2347	正规	zhèng guī	regular; standard; normal
2348	正经	zhèng jing	decent; respectable; honest

序号	词语	拼音	翻译
2349	正气	zhèng qì	healthy atmosphere
2350	政权	zhèng quán	political power; regime
2351	证实	zhèng shí	authenticate; corroborate; affirm
2352	证书	zhèng shū	certificate; credentials
2353	正义	zhèng yì	just; righteous; proper
2354	郑重	zhèng zhòng	serious; solemn; earnest
2355	症状	zhèng zhuàng	symptom
2356	枝	zhī	branch; twig
2357	支撑	zhī chēng	prop up; sustain; support
2358	支出	zhī chū	pay; disburse; expenses
2359	脂肪	zhī fáng	fat [biology]
2360	知觉	zhī jué	consciousness; perception
2361	支流	zhī liú	tributary; effluent
2362	支配	zhī pèi	allocate; budget
2363	支援	zhī yuán	support; assist; aid
2364	支柱	zhī zhù	pillar; support; prop
2365	知足常乐	zhī zú cháng lè	contentment is happiness
2366	值班	zhí bān	be on duty
2367	直播	zhí bō	direct broadcast; live telecast
2368	殖民地	zhí mín dì	colony
2369	职能	zhí néng	function
2370	职位	zhí wèi	position; post
2371	职务	zhí wù	post; duties; job
2372	指标	zhǐ biāo	target; quota; norm
2373	指定	zhǐ dìng	appoint; assign; allocate
2374	指甲	zhǐ jia	fingernail
2375	指令	zhǐ lìng	instruct; order; direct
2376	指南针	zhǐ nán zhēn	compass
2377	指示	zhǐ shì	indicate; point out; directive
2378	指望	zhǐ wàng	look to; count on; look forward to
2379	指责	zhǐ zé	censure; criticise; find fault with
2380	治安	zhì ān	public order; public security
2381	制裁	zhì cái	sanction; punish
2382	致辞	zhì cí	make a speech; address
2383	制订	zhì dìng	work out; formulate; draw up
2384	制服	zhì fú	uniform
2385	治理	zhì lǐ	administer; govern; run
2386	智力	zhì lì	intelligence; mentality; intellect

序号	词语	拼音	翻译
2387	致力于	zhì lì yú	committed to
2388	滞留	zhì liú	be detained; be held up
2389	智能	zhì néng	intellect; intelligence; brain power
2390	志气	zhì qì	aspiration; ambition
2391	智商	zhì shāng	IQ [Intelligence Quotient]
2392	致使	zhì shǐ	cause; result in; bring about
2393	制约	zhì yuē	restrict; constraint; restraint
2394	制止	zhì zhǐ	restrain; check; repress
2395	忠诚	zhōng chéng	loyal; faithful; staunch
2396	终点	zhōng diǎn	finishing point; destination
2397	中断	zhōng duàn	suspend; cut short; break off; discontinue
2398	终究	zhōng jiū	eventually; in the end; after all
2399	中立	zhōng lì	neutral
2400	终年	zhōng nián	all year round
2401	终身	zhōng shēn	lifelong
2402	忠实	zhōng shí	true; faithful; loyal; reliable
2403	衷心	zhōng xīn	heartfelt; wholehearted; sincere
2404	中央	zhōng yāng	central
2405	终止	zhōng zhǐ	stop; suspend; terminate
2406	肿瘤	zhǒng liú	tumour
2407	种子	zhǒng zi	seed; germ
2408	种族	zhǒng zú	race
2409	众所周知	zhòng suǒ zhōu zhī	as everyone knows
2410	重心	zhòng xīn	heart; core; key point
2411	州	zhōu	[an ancient administrative division]; prefecture
2412	粥	zhōu	congee [rice porridge]
2413	舟	zhōu	boat
2414	周边	zhōu biān	perimeter; periphery
2415	周密	zhōu mì	careful; thorough
2416	周年	zhōu nián	anniversary
2417	周期	zhōu qī	period; cycle
2418	周折	zhōu zhé	twists and turns; setbacks
2419	周转	zhōu zhuǎn	turnover; have enough to meet the need
2420	皱纹	zhòu wén	wrinkle; crease; ruffle
2421	昼夜	zhòu yè	day and night; round the clock

序号	词语	拼音	翻译
2422	株	zhū	root and stem of a tree; individual plant; plant
2423	诸位	zhū wèi	ladies and gentlemen; everybody
2424	逐年	zhú nián	year by year; year after year; with each passing year
2425	拄	zhǔ	lean on
2426	主办	zhǔ bàn	host; hold; organise (event)
2427	主导	zhǔ dǎo	lead; dominant
2428	主管	zhǔ guǎn	be responsible for; be in charge of
2429	主流	zhǔ liú	main stream
2430	主权	zhǔ quán	sovereign rights; sovereignty
2431	主题	zhǔ tí	theme; subject; topic
2432	助理	zhù lǐ	assistant
2433	注射	zhù shè	injection
2434	注释	zhù shì	explanatory note
2435	注视	zhù shì	gaze at; have one's eye on
2436	助手	zhù shǒu	helper; aide; assistant
2437	铸造	zhù zào	foundry; cast
2438	驻扎	zhù zhā	be stationed; be quartered
2439	住宅	zhù zhái	residence
2440	注重	zhù zhòng	lay stress on; emphasise
2441	著作	zhù zuò	work; writings; opus
2442	拽	zhuài	drag; haul; pull
2443	专长	zhuān cháng	speciality
2444	专程	zhuān chéng	special trip
2445	专科	zhuān kē	specialised subject
2446	专利	zhuān lì	patent
2447	专题	zhuān tí	special topic
2448	砖瓦	zhuān wǎ	brick and tile
2449	转达	zhuǎn dá	pass on; convey; communicate
2450	转让	zhuǎn ràng	transfer the possession of; assign
2451	转移	zhuǎn yí	shift; transfer; divert
2452	转折	zhuǎn zhé	a turn in the course of events; transition
2453	传记	zhuàn jì	biography
2454	装备	zhuāng bèi	equip; fit out
2455	装卸	zhuāng xiè	load and unload; assemble and disassemble

序号	词语	拼音	翻译
2456	庄严	zhuāng yán	solemn; dignified; stately
2457	庄重	zhuāng zhòng	serious; grave; solemn
2458	幢	zhuàng	streamer [used in ancient China]; [measure word for buildings]
2459	壮观	zhuàng guān	magnificent sight
2460	壮丽	zhuàng lì	majestic; magnificent; glorious
2461	壮烈	zhuàng liè	heroic; brave
2462	追悼	zhuī dào	mourn over a person's death
2463	追究	zhuī jiū	look into; find out; investigate
2464	准则	zhǔn zé	norm; standard; criterion
2465	琢磨	zhuó mó	carve and polish; improve; refine
2466	着手	zhuó shǒu	put one's hand to; set about
2467	着想	zhuó xiǎng	consider; take into consideration
2468	卓越	zhuó yuè	outstanding; brilliant; remarkable
2469	着重	zhuó zhòng	stress; emphasise
2470	资本	zī běn	capital [economics]
2471	资产	zī chǎn	property; means; capital
2472	资深	zī shēn	senior; veteran; experienced
2473	姿态	zī tài	gesture; posture; one's bearing or carriag
2474	滋味	zī wèi	taste; tang; flavour
2475	滋长	zī zhǎng	grow; develop
2476	资助	zī zhù	aid financially; subsidise
2477	子弹	zǐ dàn	bullet; cartridge; ammunition
2478	自卑	zì bēi	feel oneself inferior
2479	自发	zì fā	spontaneous
2480	自力更生	zì lì gēng shēng	rely on one's own efforts
2481	自满	zì mǎn	complacent; self-satisfied
2482	字母	zì mǔ	letters [of an alphabet]
2483	自主	zì zhǔ	act on one's own; decide for oneself
2484	踪迹	zōng jì	trail; trace; track
2485	棕色	zōng sè	brown
2486	宗旨	zōng zhǐ	aim; purpose
2487	总而言之	zǒng ér yán zhī	to make a long story short; all in all; generally speaking
2488	总和	zǒng hé	sum; total
2489	纵横	zòng héng	criss-cross; with great ease; freely
2490	走廊	zǒu láng	corridor

序号	词语	拼音	翻译
2491	走漏	zǒu lòu	leak out; divulge
2492	走私	zǒu sī	smuggle
2493	揍	zòu	beat; break; smash
2494	租赁	zū lìn	rent; lease; hire
2495	足以	zú yǐ	enough to; sufficient to
2496	组	zǔ	group; set; series
2497	阻碍	zǔ ài	hinder; block; impede
2498	祖父	zǔ fù	grandfather [father's father]
2499	阻拦	zǔ lán	stop; prevent; obstruct
2500	阻挠	zǔ náo	obstruct; thwart; stand in the way
2501	钻研	zuān yán	study intensively; dig into
2502	钻石	zuàn shí	diamond; jewel
2503	嘴唇	zuǐ chún	lip
2504	遵循	zūn xún	follow; abide by; adhere to
2505	尊严	zūn yán	dignity; honour
2506	左右	zuǒ yòu	left and right; about
2507	作弊	zuò bì	defraud; cheat
2508	做东	zuò dōng	to host
2509	作废	zuò fèi	cancel; delete; nullify
2510	作风	zuò fēng	style (of work)
2511	作息	zuò xī	work and rest
2512	座右铭	zuò yòu míng	motto; maxim
2513	做主	zuò zhǔ	take the responsibility for a decision

www.ingramcontent.com/pod-product-compliance
Lightning Source LLC
LaVergne TN
LVHW051101180726
843512LV00020B/1560